KARALAMA DEFTERİ
~
ARARKEN

Nurullah Ataç (1898-1957), Türk edebiyatında modern anlamda deneme türünde ürün veren ilk yazar ve eleştirmendir. *Dergâh* dergisinde yayımlanan şiir ve yazılarıyla edebiyat dünyasına giren Ataç, çeviri, deneme ve eleştirileriyle Cumhuriyet dönemine damgasını vurmuştur. Yeni bir kültür ve dil arayışı içinde, kendi türettiği sözcükleri, devrik tümceleri ve kendine özgü biçemiyle dili bir uygarlık sorunu olarak ele almış; Batılılaşma, Divan şiiri, yeni şiir, eleştiri gibi çeşitli konularda, kişisel yönü ağır basan yazılarındaki kuşkucu ve cesur tavrıyla pek çok genç yazarı da etkilemiştir. Elliye yakın çeviri yapan Nurullah Ataç'ın yazıları şu yapıtlarda toplanmıştır: *Günlerin Getirdiği* (1946), *Sözden Söze* (1952), *Karalama Defteri* (1953), *Ararken* (1954), *Diyelim* (1954), *Söz Arasında* (ös 1957), *Okuruma Mektuplar* (ös 1958), *Prospero ile Caliban* (ös 1961), *Söyleşiler* (ös 1964), *Günce I -II* (ös 1972), *Dergilerde* (ös 1980).

Nurullah Ataç'ın
YKY'deki kitapları:

Günlerin Getirdiği ~ Sözden Söze *(1998)*
Diyelim ~ Söz Arasında *(1998)*
Karalama Defteri ~ Ararken *(1998)*
Okuruma Mektuplar ~ Prospero ile Caliban *(1999)*
Günce - 1953-1955 *(2000)*
Günce - 1956-1957 *(2000)*
Dergilerde *(2000)*
Söyleşiler *(2000)*

NURULLAH ATAÇ

Karalama Defteri
~
Ararken

Deneme

25.06.2010
Kadıköy
İstanbul

İSTANBUL

Yapı Kredi Yayınları - 1021
Edebiyat - 263

Karalama Defteri ~ Ararken / Nurullah Ataç

Kitap editörü: Elif Gökteke

Kapak tasarımı: Nahide Dikel

Baskı: Şefik Matbaası San. ve Tic. Ltd. Şti.
Turgut Özal Cad. No: 137 İkitelli/İstanbul

Karalama Defteri, 1. baskı, Varlık 1953
Ararken, 1. baskı, Varlık 1954
YKY'de 1. baskı: İstanbul, Nisan 1998
11. baskı: İstanbul, Şubat 2010
ISBN 978-975-363-821-3

© Yapı Kredi Kültür Sanat Yayıncılık Ticaret ve Sanayi A.Ş. 2003
Sertifika No: 12334
Bütün yayın hakları saklıdır.
Kaynak gösterilerek tanıtım için yapılacak kısa alıntılar dışında
yayıncının yazılı izni olmaksızın hiçbir yolla çoğaltılamaz.

Yapı Kredi Kültür Sanat Yayıncılık Ticaret ve Sanayi A.Ş.
Yapı Kredi Kültür Merkezi
İstiklal Caddesi No. 161 Beyoğlu 34433 İstanbul
Telefon: (0 212) 252 47 00 (pbx) Faks: (0 212) 293 07 23
http://www.ykykultur.com.tr
e-posta: ykykultur@ykykultur.com.tr
İnternet satış adresi: http://alisveris.yapikredi.com.tr

İÇİNDEKİLER

KARALAMA DEFTERİ • 7

ARARKEN • 69
Kendi Kendime • 73
Şiir mi Güç Nesir mi? • 76
Beyitler Ararken • 80
Samimilik • 84
Yağmur • 87
Anlamıyanlara Öğüt • 90
Yazar ile Eleştirmeci • 93
Devrim • 97
Sanat İçin • 101
Okurken • 105
Kendimizi Tanıtalım • 109
Monsieur Gide • 112
4 Haziran • 117
Abdülhak Hâmit • 122
Gerçek ile Doğru • 126
Okumak • 130

Anlamamak • 134
İşin Kolayı • 138
İçki, Afyon • 142
İftira Çağı • 146
Büyücü Çırağı • 150
Düşsül Görüşme • 154
Yarına Kalamayız • 158
Bir Mektup • 162
Günün Getirdiği • 167
Ölüm Üzerine • 171

KARALAMA DEFTERİ

1

Kişileri roman okumağı sevenlerle roman okumağı sevmiyenler diye ikiye ayırabiliriz. Roman okumağı sevmiyenlerden bir hayır gelmez demiyorum, büyük işlere asıl onların giriştiğini söyleseler ona da inanırım. Ama ben hoşlanmam onlardan. Kendilerinden çıkamaz, başlarından geçmemiş şeyleri geçmiş sayamaz, kendilerini başka kimsenin yerine koyamazlar. Bir tek yaşayışları vardır, ömürlerine bin bir kişinin yaşayışını sıkıştıramazlar. Her şeyi anlamağa çalışırlar. Her şeyi anlarlar da kişioğlunun karşısında bir anlayışsızlıkları vardır.

Acıdıkları olur, ama acımak da iki türlüdür. Biri üstünlükten gelen acıma ki gururla, bir çeşit bayağı sevinçle karışıktır; öteki ise karşımızdaki kimsenin acısını kendimizde imiş gibi duyarak acımak. Roman okumağı sevmiyenlerde işte bu duygu, karşılarındakinin acılarını paylaşma gücü yoktur. Onların acımalarında bile bir türlü kurtulamıyacakları bir sertlik sezilir. Bir suçu bağışlıyabilirler; ama sevgisizce, anlayışsızca bağışlarlar; suçunu bağışladıkları kimseye yukarıdan baktıklarını, o suçu kötü gördüklerini sezdirmemek ellerinden gelmez.

Roman okumağı sevmiyenler arasında masaldan destandan *tat* alanlar bulunabilir; masal ile destan romandan büsbütün başka birer şeydir de onun için. Masal bize olmıyacak şeyler anlatır, bizi bu yeryüzünün zorluklarından, yasalarından, törelerinden uzaklaştırıp bizlere benzemiyen kişilerin, devlerin, cinlerin, perilerin acununa götürür. Orada her istediğiniz, sizin gönlünüzden geçer geçmez oluverir, dileklerinizi durduracak bir şey yoktur orada; masalın anlattığı kişilere benzemekle kendi benliğinizden çıkmış olmazsınız, sizi sıkan dar çevreyi yıkmış, tam gönlünüzce bir yere varmış olursunuz. Masal dinlemekten hoşlanan çocuk, masal dinlemekten hoşlanan kişi, kendini dileğince bir acunda görür, kendi kendinden sıyrılmış olmaz, tam tersine, büsbütün kendi içine kapanır. Destan, kahramanları anlatan destan da masal soyundandır; bize, benzemek istiyeceğimiz, düşlerimizde benzediğimiz kişilerin yaşayışlarını söyler. Destanları okur, yahut dinlerken de gene kendimizi gönlümüzce bir yerde görürüz.

Roman ise gerçekten uzaklaşmaz, hep gerçeği kavramağa, hep gerçeği anlatmağa çalışır. Romanlardaki kişiler de bizleri yöneten yasalara uymak zorundadırlar, onlar da bizim gibi, ancak bizim gibi birer kişidir, gerçeğin çocuklarıdır. Roman okumağı sevmiyenler gerçeğe bakmaktan kaçınırlar demiyeceğim; çoğu ancak gerçeğe ilgi gösterdikleri için romanları sevmediklerini söylerler. Ancak onların ilgi gösterdikleri gerçek yalnız kendi gerçekleridir, yalnız kendileridir. Onlar için gerçeğin, doğrunun bir tek yüzü vardır; onu görmek, onu bilmek yeter onlara. Gerçeğin daha birçok yüzleri olabileceğini düşünmek bile akıllarından geçmez.

Bu söyliyeceğimi belki tuhaf bulursunuz, gene de doğrudur: roman okumağı sevmiyenler arasında roman yazmak istiyenler, bir çeşit romancılar da yetişebilir. Bunlar romanlarında hep kendilerini, yalnız kendilerini anlatırlar, yahut düşlerini söylerler. Ama öylelerini de romancı saymak bilmem doğru mudur?

2

Her doğruyu söylemeğe gelmezmiş, birtakım doğruları yaymamak, çokluktan, kamudan gizlemek gerekmiş... Peki ama bir doğruyu söylememek, gizlemek, yayılmasını önlemeğe çalışmak, o doğrunun yerinde duran yalanı sürdürmek demektir. Yalanın yalan olduğunu bilerek gene sürmesine bırakmağa hakkınız var mıdır?.. Bazı yalanlar kutsalmış, onlara dokunmağa gelmezmiş... Bir şeyin yalan olduğunu anladık mı kutsallığına artık inanmıyoruz demektir; bunun için "kutsal yalan" sözü bir şeyin hem köşeli hem de yuvarlak, hem katı hem de biçimsiz olduğunu söylemek gibi bir saçmadır. Ama duygularını birer düşünce saymaktan çekinmiyenler böyle saçmalarla kolayca bağdaşabiliyor.

Birtakım doğruların gizlenmesi gerektiğini ileri sürmek eski kibarlık, asillik, *aristocratie* düşüncesinin bir kalıntısıdır. Bir yanda büyükler, kibarlar, damarlarında *mavi kan* akanlar var, onlar doğruları bilebilirler, onların bilmesinden bir kötülük gelmez; ama küçüklere, kibar olmıyanlara, kölelere sakın açmayın!.. Öyledir kişioğlu: kendisi için ille birtakım ayrıcalıklar ister. Eski acunun kibarlığı, *aristokrat*'lığı yıkıldı ama onun yerine aydınlar türedi...

Bir kişi olarak ilk ödevimiz, yalan olduğunu anladığımız düşüncelerden benzerlerimizi, yâni bütün kişileri kurtarmağa çalışmaktır. "Ben bunun yalan olduğunu biliyorum, ben buna inanmıyorum, ama kamunun bu bağlar altında kalması, onun anlamaması daha iyi olur" diyen kimse öğrendiği, anladığı doğrulara lâyık olmıyan kimsedir. İnandığı bir şey yoktur onun: bir şeyin ne doğru olduğunu düşünür, ne de yalan olduğunu... Ancak kendini düşünür, kendini büyük görmek için bir yol arar.

Her doğru söylenebilir, her doğru söylenmelidir, yoksa çevremizi aldatıyoruz, çevremize yalanı yayıyoruz demektir.

3

Ölümü düşünmeden, aklımıza getirmeden yaşamak elbette en iyi şey, ama elimizde mi? Ölüm düşüncesi bizi bir yol sardı mı, bir daha bırakmıyor, sevinçlerimiz gülmelerimiz içinde bile kendini duyuruveriyor. Yaşamak cömertliktedir: saatlar, günler, aylar, yıllar geçiversin ne çıkar?.. Ölüm korkusu ölüm düşüncesi ise bizi cimri ediyor: aman bu saat geçmesin! sıkıntılar içindeyim, yarın belki bir genişliğe kavuşacağım, olsun gene de bu saat geçmesin! yarın, o güzel yarın benim ömrümü kısalmış bulacak...

Ölüm düşüncesinin çağımızda çok yaygın olduğunu sanıyorum: bakın şairlerin çoğu, hemen hepsi yaşamanın güzelliğini anlatıyorlar. Yaşamanın geçici olduğunu, o nimeti çabucak yitireceğimizi duymasalar, düşünmeseler, hep onun güzelliğini anlatırlar mıydı? O sevincin altında bir acı var ki kendini gizliyemiyor.

Öyle sanıyorum ki dünün acıları seven, ölümü istiyen, yeryüzünden yakınıp duran, bir an önce yerin dibine mi, göğe mi, neresi olursa olsun işte oraya göçmek için çırpınan, "Ey ölüm! koca kaptan, vakıt erişti, demir al! – Bu ülkeden sıkıldık, ey ölüm! açılalım!" diyen romantik şairi, ölümün ne olduğunu, yaşamanın durasızlığını bizim kadar anlamamıştı. Ölümle oynuyordu o, biz ise onunla oynanamıyacağını anladık, bir yol gözlerimizi kapadık mı bir daha hiçbir güzelliği duyamıyacağımızı, göremiyeceğimizi, bu yeryüzünden başka bir acun olmadığını anladık, onun için ölümle şakalaşamıyoruz, çabucak kaçacağını bildiğimiz yaşamayı yudum yudum tatmak istiyoruz.

4

Genç yazarlarımızın çoğu özen düzen düşünmeksizin, kalemlerinin ucuna nasıl gelirse öylece yazıverip gidiyorlar. Başka türlü söyleseler dediklerinin daha iyi anlaşılacağını, belki daha güzel, daha çekici olabileceğini, şu yahut bu sözü yerinde kullanmadıklarını gösterdiniz mi: "Adam sen de!" der gibi bir bakışları var... Yazdıklarını önemli bulmuyorlar, bir günde unutulup geçeceğini biliyorlar da onun için mi özenmiyorlar? Onun için mi baştan savma ile yetiniyorlar? Hayır, hemen hepsi en büyük sorunlarla uğraştıklarına, o sorunları çözümliyecek doğruları bildiklerine kanmışlar, kendi kendilerini kandırmışlar. İçleri inan dolu o gençlerin: tuttukları yolun bütün bir ülkeyi, ondan da öte, kişioğlunu kurtaracağına inanıyorlar, kendi değerlerinin üstünlüğüne inanıyorlar, yazdıklarının yarın bir "muştu" diye okunacağına inanıyorlar. Getirdikleri, yaymak istedikleri doğruların yüceliği yanında biçim güzelliği, deyişin akıcılığı, bir sözün yerinde kullanılması nedir ki? Öyle küçük şeylere bakar mı, öyle küçük şeyler üzerinde durur mu hiç onlar? İnanları, yazdıklarına özen göstermelerine engel oluyor, inanları onları yitiriyor.

İnanmasınlar, yalnız sanatlarını düşünüp ona inansınlar demiyorum. Bir yazarda, bir şairde, sanat, güzellik kaygısından başka düşünceler de bulunması gerekli olduğunu unutmuyorum. Şairin, yazarın, doğruluğuna inandığı düşünceleri, duyguları olmazsa yaratacağı güzel kalıplara ne koyacak, ne dökecek? Güzellik bir başına gözükmez, başka bir şeyin giyimi kuşamı olarak ortaya çıkar. Ama güzellik de aranmalıdır. En büyük doğrular ancak güzel bir kalıba büründükten sonra yayılabilmişlerdir.

Gençlere ille güzelliği aramalarını da öğütlemek istemiyorum. Güzellik çok su götürür. Güzel diye çıkardıkları, bakarsınız, çabucak çirkin görünüverir... Peki, ille güzellik arkasından koşmasınlar, doğrudur diye bildiklerini söylesinler; ama sözlerin değerini, anlamını düşünerek, okuyanın da hemen anlamasını sağlamağa çalışarak, sıkmaktan kaçınarak söylesinler. Bilsinler ki doğruyu içimizde duymamız yetmez, onu bozmadan belirtecek kalıbı bulmak gerektir.

Yazarlarımız biçim kaygısını duymuyorlar da okurlarımız duyuyorlar mı? Onlar da duymuyor. Okuduklarından bir şey anlamak değil, onda bir şeyler sezmek istiyorlar. Onların da birtakım inanları var; eserini okudukları yazarın kendi inanlarını paylaştığını bilirlerse yetiyor onlara, başka bir şey aramıyorlar: yazarın söylemek isteyip de söyliyemediği ne varsa hepsini, belki daha çoğunu eserinde buluyorlar. Günümüzün okurları anlamak, öğrenmek, önlerine konulan düşünceler üzerinde tartışmaya girmek için okumuyorlar; ellerine aldıkları dergide, betikte kendilerinde bulunan düşünceleri, duyguları arıyorlar. Bunun için de soruyorlar: "Bu yazar ne yandandır?" Kendi bulundukları yandan ise güvenle, beğeneceklerini önceden bilerek okuyorlar; kendi bulundukları yandan değilse yazısına bakmıyorlar bile...

Biz bir düşünce çağında değil, bir duyguculuk, *sentimentalisme* çağındayız. Birtakım toplum sorunlarına dokundukları söylenilen yazıları *Ekmekçi Kadın*'ı, *Sergüzeşt*'i, *Simone ile Marie*'yi, Henry Bataille'ın oyunlarını okur gibi okuyoruz: onlarda kendi duygularımızı, birer düşünce sandığımız duygularımızı "okşıyacak" sözler arıyoruz. Dün sevgi hikâyelerinden, bir öksüzün türlü sıkıntılar çektikten sonra bir zenginin oğlunca sevilip parlak konaklara girmesini anlatan romanlardan hoşlanırdık; çünkü duygu bir tel gibidir, o hikâyeler, o romanlar bizim içimizdeki sevme teline, acıma teline dokunur, o telleri artık uzun uzun inletirdi. Büğün de içimizde başka türlü teller var; ama onlar da düşünce değil, ancak birer duygu. Birer düşünce olsalar bir tel gibi dokunur dokunmaz inlemeğe başlamazlardı, kendilerini besliyecek azığı anlaşılacak şeylerden ararlardı.

Okurlarımızla yazarlarımız biribirlerini bulmuşlar, daha ne istiyoruz?..

5

İnanmak... Günümüzde hep inanmak sözü ediliyor. İnanın da neye inanırsanız inanın! Büyük işler hep inanmakla başarılırmış... Hani Baudelaire'in bir yazısı vardır: "Esrikleşin, *serhoş olun* da ne ile esrikleşirseniz esrikleşin" der, işte onun gibi bir şey. Sağa dönüyorsunuz, kişiden inan istiyorlar, sola dönüyorsunuz, gene inan istiyorlar. Oturalım da bir konuşalım, inandığımızın ilerisini gerisini bir düşünelim, bakalım doğru mu?.. Bunu söyliyemiyorsunuz, hemen inansız diye atıyorlar sizi aralarından. Berdiyaef söylemişti, yeni bir ortaçağa girdik: inanacağız, bize öğretilenlere, doğru olup olmadıklarını araştırmadan, bir yerine ses çıkarmadan, bir noktasına dokunmadan inanacağız. Usumuzu bir yana koyacağız, ona aldırmıyacağız, belki de kötü bir şey diye, şeytanın elinde bir oyuncak diye bakacağız, kara, kızıl, ak, türlü renklerde kitapların öğretilerine bağlanacağız.

Asıl güç, asıl *kuvvet* inanda değil, doğrudadır; doğruya ise küşüm ile, *şüphe* ile varılır. Bir şeyi doğru saymayın, küşüme sarılın, küşümcü, *sceptique* olun demiyorum; küşümü ancak doğruyu bulmak için bir araç, bir yöntem, *méthode* olarak kullanın. Bir şeyi doğru bulmamak, bir şeye inanmamak öldürücü olabilir, kaçın küşümcülükten. Ama görmüyor musunuz? Bügünün inancılığı, kendini gizliyen bir küşümcülükten başka bir şey değildir. Doğruya inanmadıkları için öyle de, böyle de denilebileceği kanımında oldukları için salt inanmağa çağırıyorlar: "Doğru mu değil mi, araştırmadan inanın!" diyorlar. Bunu söylemek, bir doğrunun bulunmadığını söylemekten başka nedir ki? Günümüzün tartışmaya yanaşmıyan, bu böyledir diye kesip atan, kişinin özgürlüğünü boyuna sınırlandırmak istiyen öğretileri, *doctrine*'leri hep küşümcülükten doğmuştur, küşümcülüğün ta kendisidir. Sağda olsun, solda olsun, çok kişilerin Pirandello'yu beğenip alkışlamaları, göklere çıkarmaları şaşılacak bir şey değildir: onun oyunlarında kendilerini, hiçbir şeyi doğru bulmıyan kendi içlerini görüyorlar.

İnanları, o her şeyi başarabileceğini söyledikleri inanları bir doğruya, doğruluğundan küşümlenmedikleri bir şeye dayansaydı, tartışmadan kaçınmazlardı. Neden kaçınsınlar? Siz inanmazsanız doğruluğunu gösteriverirler, sizi de kandırırlar. Doğrudur diye bildiğiniz bir şeyin, doğruluğunu iyice denediğiniz bir inanın, şunun bunun sataşmasiyle devrileceğini, yıkılacağını sanır mısınız? "Buyurun, konuşalım" dersiniz. Diyemiyorlar, biliyorlar ki inanlarını bir doğru üzerine değil, ancak her işin bir inan üzerine kurulabileceği sanısına dayamışlardır. Bu yüzden en küçük takışmaya, *itiraza* bırakmıyorlar.

Tevfik Fikret:

> *Şüphe bir nura doğru koşmaktır,*
> *Şüphe etmek ukul için haktır.*

diyor. Nura inanmadıkları için, hiçbir yolun sonunda gerçek ışığa erişilemiyeceğini sandıkları içindir ki küşüme yer vermiyorlar, usun küşümlenmek hakkını tanımıyorlar.

6

Övülmek her kişi için, hele tuttuğu işi kendine gerçekten dert edinmiş her kişi için, gerekli bir azıktır. Özenerek ortaya koyduğumuz şey beğenilsin, benzerlerimizi ilgilendirsin isteriz. Pazara götürdüğü mala alıcı bulamıyan adamın içi ne oluverir, bir düşünün! bu dünya pazarında hepimiz bir malın satıcısıyız; alıcı çıkmadı mı, şöyle kurularak: "Anlamazlar ki!" deriz ya, bakmayın, gene boynumuz bükülmüştür, gene özgüvenimize bir kurt düşmüştür. Neymiş eksiğimiz, söyleseler bari... Yerme de çünkü, bir bakıma, övmenin kardeşidir, bir ilgi gösterir.

"Elin yargısından bana ne? Ben kendim için çalışıyorum" diyen kimsenin sözüne inanmam. Öyle demesi ne beni kandırır, ne de kendini avutur. Yahut ki özünü pek beğenmiş, çevresinde kim, ne varsa hepsini yukarıdan süzen, yalnızlığı ile böbürlenen bir adamdır. Bir çeşit deliliktir onunki; insanın ne idüğünü delilere bakıp da mı anlıyacağız?

Mademki insan toplum kurucudur, mademki toplum dışında kalınca kişiliğini geliştiremez, salt kendine vergi sandığı zenginlikleri dahi yitirir, öyle ise gördüğü her işte, kendisi bilsin bilmesin, toplumu gözetir; nasıl toplum kişiye işliyorsa kişi de topluma işlemek ister. Bunun için övülmeğe, yâni işinin çevrede yankılar uyandırdığını, benzerlerinin birkaçınca olsun doğru bulunduğunu bilmeğe ihtiyacı vardır.

Övülmek isteği kutlu bir istektir: kişinin işini sahiden benimsediğini, toplumu, insanlığı özünden üstün bilip onlara yaramak için çalıştığını gösterir. Ama kimin övmesine sevinebiliriz?

İlkçağ tanrıları, yakılan kurbanların dumanını hazdan bayıla bayıla koklarlarmış; kitaplı dinlerin Tanrısı da insanları kendisine tapsınlar diye yaratmış... Bu *kanı*'lar insanoğlunun yalıncak düşündüğü, ilk duygularını yenmek, kendini aşmak dileğini daha edinemediği günlerde uydurulmuştur. Kulların övmesiyle yetinmek!.. Böyle bir şey şimdi bizim gücümüze gidiyor. Kul kendini yaratanı anlıyabilir mi? Belki sever onu; kendisini yoktan var ettiği için, yâni gene ancak kendi özüne bağlılıkla onu sevmeyi boynuna borç bilir, onun için över. Ondan korkar, yoktan var ettiği gibi vardan yok etmesin diye över. Kulun övmesi daima bir yalvarma, yakarmadır; bir şey ister, bir şey umar da onun için över. Kulların, yâni bizden küçüklerin, bizden bir iyilik bekliyenlerin, bizi beğenmek, sevmek zorunda olanların övmesiyle yetinemeyiz. Bizdeki övülmek ihtiyacını doyurmaz da onun için. İşimizin gerçekten beğenildiğini, benzerlerimizce doğru bulunduğunu göstermez ki! kulun övmesi övme değil yaltaklanmadır.

Evet, insan kendisine yaltaklananlar olmasını da ister. Bizden korkanların, çekinenlerin, bir şey diliyenlerin bulunması da bizim gücümüzü, benzerlerimiz arasında bir üstünlüğümüz olduğunu gösterir. Bu duyguya da ihtiyacımız vardır. İnsan kendini hiç beğenmese çatlarmış, öyle derler. Çatlamamak için birkaç kişiyi olsun kendimizden küçük bulmamız, büyüklüğümüzü o yoldan anlamamız gerektir. Ama bu ihtiyaç kutlu değildir, özseverliğimizden gelir, üstümüzden bir türlü atamadığımız bir küçüklüktür; onu, kutlu olan övülmek dileğiyle bir tutmamalıyız.

Kulun, yâni kendisinden küçüğün, kendisinden çekinen, bir iyilik bekliyenin övmesiyle yetinen kişiye iyice bakarsanız görürsünüz ki özüne gerçekten güveni yoktur. Varsın kurulsun, böbürlensin, hep: "Ben! ben!" diyerek gezsin, inanmayın, şüphe içindedir o adam. Kendini beğenmediği, bir türlü beğenemediği için çatlıyacak gibi olmaktadır; çatlamamak için kullar arasında dolaşmağa, onların yaltaklanmalariyle avunmağa ihtiyacı vardır. Beğenilmemeğe, en değersiz bir kimsenin bile beğenmemesine katlanamamaları da o yüzdendir. "Varsın söylesin" diyemezler; çünkü onun söylediklerini, yalnız kaldıkları zaman, kendi içlerinden de duymaktadırlar. İçlerinde çöreklenmiş bütün şüpheler vardır o sözde; o sese nasıl dayanabilirler?.. Kendine gerçekten güvenen adam, beğenmiyenlerin sözünü öfke ile değil, olsa olsa şaşırarak karşılar: "Neymiş? Acaba yanılmış mıyım? Yaptığımı doğru sanıyordum, değil miymiş?" Böyle düşünür önce. O sözleri ille doğru bulur demiyorum; inceleyip onların çürüklüğünü görür, gösterir, ama sinirlenmez.

Asıl övgü, bizdeki kutlu övülme ihtiyacını doyuracak övgü, kendimizden üstün, hiç olmazsa kendimizle eşit bildiğimiz kimselerden gelecek övgüdür. Bizi öven insanın övmemekte, isterse yermekte serbest olması gerektir. Övmek zorunda olduğu için öven kimse kulluğa, küçüklüğe razı oluyor, silkinip yükselmek istemiyor demektir. İnsanlık için bir ayıptır öyle kişiler.

Ama onların övmesiyle göğüsleri kabaran kimseler de aslını ararsanız, onlardan daha büyük değildir. Duygularını yenememiş, kendi kendilerini aşamamışlardır.

7

Şimdiyedek yazdıklarımın birini bile beğenemedim, şöyle tam istediğimce bulamadım. Bakıyorum, hepsini de hem eksik bırakmışım, hem de bir sürü gereksiz, boş sözlerle doldurmuşum. Hele bazı yazılarımın başında, şairlik takınarak özene bezene sıraladığım satırlar yok mu, onlar büsbütün sinirime dokunuyor. Yaradılışımı zorlıyacağım da ne olacak? Bende şairlik yok işte, olmadığını da bunca yıldır anladım, katlanmalı değil miyim artık?.. Biliyorum bunları, biliyorum ama kişi kendi kendine kolay kolay sözünü geçirebiliyor mu? Bunları biliyorum ama her yazıya oturuşumda gene bir boy şairliği deniyeceğimi de biliyorum.

Neden beğenmiyorum yazdıklarımı? Hepsinde, nasıl söyliyeyim, bir *sahtelik* görüyorum da onun için beğenmiyorum. Konuşurken, ya ancak kendime değgin işleri başkalarına bildirmemek için, yahut kabalık olmasın diye elbette birçok yalanlar söylemişimdir; ama yazılarımda ötedenberi yalandan kaçınırım, yıllardır yazdıklarımda üç beş yalan ya söyledim, ya söylemedim. *Sahtelik* derken onları düşünmüyorum. Onlar birer günahtı, o günahları işlemiyebilirdim. Ben şimdi, giderilmesi elimde olmıyan bir sahtelikten, tam bir doğruluğa, tam bir gerçekliğe ulaşmanın olanaksızlığından yakınıyorum. Nedir yazdıklarım? Nedir yazdıklarımız? Bir konuyu alıyoruz, onun üzerinde bildiklerimizi, duyup düşündüklerimizi söylüyoruz, birtakım sınırlar çizip onların içinde kalmağa çalışıyoruz. Önümüze, aldığımız konu ile ilgili sorunlardan başka sorunlar çıkınca: "Ben bunlardan anlamam, bunlardan açmağa yetkili değilim" diyoruz, yahut: "Bunları başka bir güne bırakalım, ben büğün seçtiğim konunun dışına çıkmak istemiyorum" diyoruz. Hayat, konulara mı bölünmüştür sanki? Bir yanda bilim, bir yanda sanat, bir yanda ahlâk, bir yanda yiyip içme, bir yanda yatıp uyuma... Hayatta biribirlerinden böyle kesin olarak ayrılmış bölümler mi vardır? İşte bir kişi: yiyor, içiyor, düşünüyor, duyuyor, seviyor, seviniyor, ağlıyor... Yerken sevmiyor mu? Duyarken düşünmüyor mu? Onda, biri bilim yolunda gidip doğruyu, öteki sanat yolunda gidip güzeli arıyan iki kişi mi var? Yooo... Bir kişiyi böyle ikiye, üçe ayırmanın yanlışlığını görmüyor musunuz? Bir kişiyi ikiye, üçe bölemezsiniz de hayatı, biribirlerine dayanan, biribirlerinden çıkan sorunlarının hepsiyle bir bütün olan hayatı konulara ayırabilir misiniz sanıyorsunuz?.. Ayırıyoruz, ayırıyoruz, ama elde ettiğimiz sonucu da görüyoruz: hangi konu üzerinde ne söylesek eksik kalıyor, gerçekte olmıyan sınırlar çiziyoruz; bu yüzden de ne söylesek, ne yazsak hepsinde bir sahtelik, giderilmez bir sahtelik bulunuyor.

Önümüzde, biribirlerine giren, karışan sorunlarının hepsiyle bir bütün olan, o karışıklıklar içinde yalın kalmasını bilen hayat var; biz onun bir parçasını alıp o parçayı çözümlemeğe, o parça üzerine birtakım sözler söylemeğe kalkıyoruz. Sonradan söylediklerimizin, yazdıklarımızın eksik kalmamasını, sahte olmamasını, derinlere gidebilmesini istiyoruz. Düşüncelerimiz, duygularımız bütünden doğuyor, biz onları bir parçaya yüklüyoruz... Bu yoldan gidince doğruya varılır mı? Söylediklerimiz, yazdıklarımız, hayatın birtakım konulara bölünmüş olduğu sanısını sürdürüp yalanı perkitmekten başka neye yarar?

8

"Uğraş Saygısı" adlı yazımdan sonra idi, yazarlarımızdan biriyle konuştum. Beğenmemiş o yazıyı. Zorla güzellik olmaz, sağ olsun da beğenmesin. Ama neden beğenmemiş? "Kötülüyor, yıkıyorsunuz, yerine bir şey kurmuyor, yapmıyorsunuz" dedi.

Kafam yavaş işlediğinden midir nedir, böyle sözlere çabuk cevap bulamam; belki de ne demek istediğini hemen kavrıyamadığımdandır. Sonradan düşündüm: "Yapıcılık neymiş acaba?" dedim.

Ben bir sanat adamı, yaratıcı bir yazar değilim. Ne şiir yazmak elimden gelir, ne roman. Bunca yıldır yazdıklarım epeyce bir şey tutar; ama toplamağa kalkışmadım. Çünkü gazete yazısı başka, kitap yazısı başkadır. Ben bir gazete yazarıyım, söylediklerim bir gün, iki gün okunur, sonra geçer. Neyi severim, neden hoşlanmam, onları söylerim; dilimin döndüğü kadar hayranlıklarımı anlatmağa çalışırım; beğendiğim bir şiir, bir kitap olursa, onu tanıtayım derim. Belki bir iki düşüncenin yayılmasında benim de hizmetim olmuştur. Yapıcılık değil midir bu? Neydi o yazımda söylediğim? Yazarlarımıza: "Yalan söylemeyin. Okurlarınızı aldatmağa, kandırmağa kalkmayın. Yazarlık uğraşının şerefini düşünelim, koruyalım" diyordum. Yapıcılık değil midir bu? Büyük bir yapıcılık demedim, gücümün yettiği kadar bir yapıcılık. Küçük, küçük ama yıkıcılık değil.

Bir zamanlar *müsbet adam, menfi adam* derlerdi; şimdi unuttular o sözleri, yerine yapıcı, yıkıcı çıktı. *Müsbet adam, yapıcı adam* her emeğin değerini bilen, bunun için de ortaya konan her şeye hoşgörürlülükle bakan adamdır. Ama ne olursa olsun; mademki bir şiir, bir roman yazılmış, bir iş görülmüş, onu beğenir, sevinçle gülümser, yahut beğenmez, gülümser gibi görünür, böylelikle de edebiyatın, düşüncenin ilerlemesine yardım ettiğine inanır. Ortaya konanda kusur ararsanız, kusur bulursanız, o zaman menfi adamsınız, yıkıcı adamsınız...

Ben size bir şey söyliyeyim mi? Müsbet adam olmak, yapıcı adam olmak gerçekten bir şey kurulmasına, şöyle çabucak geçmiyecek, zamana dayanacak bir şey kurulmasına çalışmaksa, asıl müsbet adam, asıl yapıcı adam onların menfi adam, yıkıcı adam dedikleridir. Edebiyat alanı, düşünce alanı, belki her alandan çok, gerçek inanma ister.

İnanan için şunun bunun emeği yoktur, şunun bunun hatırı yoktur, doğruluğuna inandığı, doğruluğunu tâ içinden duyduğu, öyle şakaya, yalana gelmiyen hakikatler vardır. Okuduğu kitapta inandığı güzelliği bulamıyorsa, o kitabın gerçekten beğenilmeğe, şöyle kendimizi ortaya atarak, tehlikeye atarak, kellemizi ortaya koyarak beğenilmeğe lâyık olduğunu sanmıyorsa, söyler onun değersiz olduğunu, söyler onun kusurlarını.

Susmaz, susamaz: inancı komaz ki sussun. Susması beğenmediğini göstermeğe yetiyorsa, o zaman susar.

Her çirkin eserin, her kusurlu, yanlış eserin, hele herhangi bir kaygı ile övülür, örnek diye gösterilirse, kendisinin inandığı güzelliğe, kendisinin inandığı doğruya bir kötülüğü olacağını, onların kurulmasını geciktireceğini bilir. Bile bile de nasıl alkışlar? Çirkinlikler üst üste yığılır, karşısına geçip pöhpöhliyecekler bulunursa, onlardan bir güzellik çıkacağına inansın mı diyorsunuz? Onun istediği, bir şeyi güzel saymak, bununla kendini avutmak değildir ki... İnandığı şeyler vardır diyorum size, onlara uymıyana düşman kesilir.

İki türlüdür asıl yapıcı, biri yapar, temelleri de atar, üstüne yapıyı da çıkar. Ötekinin temel atmak, yapı çıkmak elinden gelmez ama atılan temel, çıkılan yapı sağlam mı, çürük mü, onu anlar. Çürüktür diyorsa, elinden geldiği kadar onları yıkmağa, toprağı temizlemeğe çalışır. Büyük küçük, gerçekten bir saray yapılmasını istediği yere yamrı yumru bir kulübe dikilmesine neden razı olsun? O kulübe yarın nasıl olsa yıkılacak, kendiliğinden çökecek değil mi? Bari bir gün önce süpürülsün de orada bir şey var diye kimseyi aldatmasın.

Yıkıcılara, yıkıcı dedikleri adamlara neden bu kadar sinirleniyorlar? Sağlamı yıkmak kimin haddi? Güzel bir eseri istediğiniz kadar kötüleyin, tanınmasın, kimseler görmesin diye üstüne örtüler örtün, toz toprak yığın, günü gelir, gene bütün güzelliğiyle görünüverir.

Yıkıcı adam, yâni yıkmak istiyen, yıkayım diye çırpınan adam vardır. Hiçbir şeye inanmaz o. Güzellik kavramaz onu. Hayranlık nedir bilmez. Ben öylesine bir insan olmadığımı gösterdim sanıyorum. Hayran olurum, hem de azdır benim kadar hayran olan. Kimi ölmüş, kimi sağ, nice şairlerimize olan saygımı, adlarını anar, yazılarını okurken nasıl duygulandığımı beni tanıyanların hepsi bilir; hayran olduğum, yahut sadece beğendiğim şairler için kavgadan da çekinmem, alaya alınmaktan da korkmam. Ama bir de beğenmedim mi, istedikleri kadar *menfi adam* desinler, *yıkıcı* desinler, gene de beğenmem.

9

Şu bilgelik, *sagesse* denilen halden hoşlanmam. Kişi sevince de, acıya da aldırmamalıymış, kendini tutkulara kaptırmamalıymış. Sevinçsiz, acısız, tutkusuz yaşamanın tadı mı olur? Baki Efendi, en güzel beyitlerinin birinde: *"Biz tâlib-i teveccüh-i ikbal ü rûzigâr – Gülberk-i bağ-ı ömr ise berbâd olup gider"* diyor. (*Rûzigâr* sözünü *rüzgâr* yazmak daha doğru olduğunu bilirim ama burada öyle okununca imale mısraı bozuyor, bir ağırlık veriyor; birinci mısra yavaş yavaş, sese bir hız vermeden okununca güzel oluyor, *rûz* diye uzun okumak ise gidişi değiştiriyor. Onun için *rûzigâr* diye yazdım.) Peki, ama ben *ikbal*'den, *rûzigâr*'dan bir şey beklemezsem, başka kimselere kendimi tanıtmağa, beğendirmeğe çalışmıyacaksam, yeryüzüne gelmiş olmanın ne değeri kalır? Baki Efendi öyle demiş, ama kendi de o sözüne uymamış, şairler sultanı olmağa, alkışlanmağa çalışmış: sözünü dinliyeceğime yaşamasına öykünürüm daha doğrudur.

Ama kişinin öyle düşündüğü, kendi kendine: "Herkesi ne umur edersin? Sen bir daha dönmiyecek büğünün tadını çıkarmağa bak!" dediği günler oluyor. Bilgelik, içimizde bir duygu olarak kaldıkça, bize ancak özlemini çektirdikçe tatlı, hoş bir şey. Bizi kavradı mı, buyruğu altına aldı mı, en yaman dediğim-dedik, *müstebit* oluyor, kendi kendine karşı dönüyor. Kendini başkalarına beğendirmeğe, sözünü geçirmeğe çalışmıyan, salt yaşamağa bakıp sevince de, acıya da aldırmıyan, bir tutkusu olmıyan kişi nasıl bir kişidir? Öylesinin gönlünde tutkuların en yılıncı var demektir: yaşamak tutkusu, nasıl olursa olsun yaşamak tutkusu... Yaşıyacak, yüreği vuracak, yılın yazını da, kışını da görecek; yeter ona. Öyle bir kişi, kendini her eğlenceden yoksun edip ille parasını biriktirmek istiyen pintiye benzemez mi? Bir bakıma pinti de bir bilgedir: alacağı şeylerin geçici olduğunu bilir de almaz onları. Canımızı pintinin parası gibi kullanmıyalım, türlü tutkulardan esirgemiyelim. Kişiyi kişi eden yaşaması değil, tutkularıdır.

10

Andaçlarını yazan kimselere bayılırım: yaşadığımız bir günü düşümüzde bir daha yaşamak, ne güzel şey! yarın ne yapacağımı bilmeği pek istemem: ummadığım beklemediğim şeylerle karşılaşayım, daha iyi; ama dünümü hemen elimden kaçırmamağa çalışırım. Andaçlarımı yazmağı ben de isterdim, bilirim ki beceremem. Geçmiş günlerimi unutmadım, çoğunu oldukları gibi söyliyebilirim; ama hepsini biribirine karıştırırım. Hangisi daha önceydi, hangisi daha sonra, iyice söyliyemem. Zamanı bölümlere ayıramıyorum; Ahmet Hamdi Tanpınar:

Ne içindeyim zamanın,
Ne de büsbütün dışında:
Yekpare, geniş bir ânın
Parçalanmaz akışında

diyor. Bu mısraların ne demek olduğunu doğru anlıyorsam, ben de içimde o hali duyuyorum: yaşadığım zaman, benim ömrüm, benim için bir tek parçadır. Bunun içindir ki bundan on yıl önce duyduğum bir sevinci büğün de hemen o günkü gücü ile duyabilirim; işittiğim ağır sözleri de öfkelerimi de unutmam. "O geçti gitti, sen büğüne bak!" diyorlar; benim için bir türlü geçemiyor, bir türlü gidemiyor, aklıma gelince sinirlendiriyor, hasta ediyor.

Doğrusu, sevinçlerimden çok öfkelerimi anıyorum. Geçimsiz olduğumu söylerler, belki onun içindir. Ama kendimi yokluyorum da kini pek bulamıyorum, daha çok öfke var. Kin öfkenin durulmuşu, sindirilmişi değil midir? Benim öfkelerim durulmuyor, sinip kin olamıyor.

11

Birinci Dünya Savaşı'nda çarpışanlar, en çok Fıransızlarla Alamanlar, dört buçuk yıl ağız dolusu söüştülerdi: biribirlerine yaban dediler, yozlaşmış dediler, demediklerini komadılar.

Doğrusu çirkindi o sözler, çirkindi ya, dövüş bu, elbette sövüşmesi de olur diyorduk... Dövüş biter bitmez iki yan da, ettiklerinden utanmış gibi susuverdilerdi. Susmakla da kalmadılar, biribirlerini övdüler, biribirlerinin erdemlerini, bilim yolundaki, sanat yolundaki yararlıklarını sayıp döktüler. Yenenler arasında da, yenilenler arasında da karşılarındakilerle kucaklaşmak, olanları artık unutup elbirliği ile çalışmak istiyenler çıktı.

Bu son savaşta öyle olmadı. Topların, bombaların gürültüleri arasında sövüşme sesleri pek işitilmedi. Ağızlar kilitlenmiş, belki gözler bile kötü kötü parlamamış. Dudaklara çıkamayan kin, yüreklerde çöreklenmiş, ağusunu biriktirmiş, biriktirmiş, uzun yılların kolay kolay yıprandırmıyacağı bir güç edinmiş. Şimdi duyulan sözler kişinin tüylerini ürpertiyor: "Alamanın iyisi olamaz!.. Alamanın iyisini olsa olsa mezarlıkta bulursun!.." Devrilmiş koskoca bir millete acımıyorlar. Acımak şöyle dursun, insan değilmiş de başka bir şeymiş gibi bakıyorlar. Anladık, çok kötülükler etmiş, ama bunun hiç mi bir iyiliği yoktu? Yüzyıllardır yarattığı büyüklükleri nasıl unutuveriyorlar?

Hitler ile yoldaşlarına, ortaya ilk çıktıkları günden beri hep tiksinti ile baktım. Birçok işler gördüler, topraklar çiğneyip geçtiler, yaptıklarının birine hayran olmadım. Yıkılmalarını diledim. Kazanmaları insanlık için büyük bir felâket olurdu. İnandığımız, sevdiğimiz birçok şeyleri yıkacak, birçok milletleri aşağı görüp boyunduruk altına alacaklardı. Yenilmelerine sevindim... Ama büğün bakıyorum da: "Yoksa Hitler kazandı mı?" diyorum. Alaman milletini aşağı görmek, Alamanın iyisi olmaz demek ırkçılığa inanmak değildir de nedir? Alamanya her şeyin üstündedir demekle Alamanya her şeyin altındadır demek arasında, düşünce bakımından ne ayrılık vardır?

Biliyoruz, gazetelerde okuyoruz, kitaplarda okuyoruz, 1939 eylülünden 1945 mayısına kadar Hitler Alamanya'sı çok yavuzluklar etmiş, çocuk dememiş, ihtiyar dememiş, asmış, kesmiş, yakmış; adlarını söylemeği bir türlü beceremediğim birtakım yerlerde insanları insanlıktan çıkarmış, aç bırakmış, kısacası her şeyi yapmış. Doğrusu önce inanmamıştım: "Savaş çağında böyle yalanlar olur, abartıyorlar" demiştim; sonra sözlerine inanılacak kimselerin yazılarında okudum, şaşarak inandım. Demek kişioğlu ne denli ilerlerse ilerlesin, Alamanlar gibi uygarlığın, *medeniyetin* en yüksek katına da varsa gene yavuzluktan büsbütün kurtulamıyormuş. İçimizde bir canavar var, onu yensek de büsbütün öldüremiyoruz, beklemediğimiz bir günde gene başını kaldırıveriyor. Bunu titriyerek düşünmemiz gerektir. "Biz yapmadık Alamanlar yapmış, biz yapmayız" demekle iş bitmiş olmaz. Bizim gibi bir kişi olan Alamanın yaptığını bir gün biz de yapabiliriz: iyilikte yaptıklarını yapabileceğimiz gibi kötülükte yaptıklarını da yapabiliriz. Alamanlar bilimde ilerlemiş, sanatta ilerlemiş, gene de günün birinde içlerindeki yavuzluk canavarı baş kaldırıyor, birçok kişileri tutup ölüm fırınlarına atıveriyorlar. Bir milleti Kant, Bach, Goethe o canavardan büsbütün kurtaramazsa, bir şey kurtaramaz, yeryüzünde de bir kimse: "Ben o canavardan kurtulmuş bir toplumdanım" diye övünemez. Adlarını söylemeği beceremediğim o yerlerde edilen yavuzluklar her kişinin yüzünü kızartmalı, hepimizi ürpertmelidir.

Büğün dünya, Alamanların ettiklerini unutsun, o yerlerin adlarını anmasın demiyorum. Hayır, oraları düşünmeliyiz, kişioğlunun elinden öyle kötülükler geldiğini de söylemeliyiz. Ancak bunları salt Alamanlara yüklemek doğru olmaz; 1939 ile 1945 arasında Alamanlar yapmıştır, başka bir günde başka bir millet yapıverir. Salt Alamanlara yükleyip onlara kin beslemek, yarın öyle kötülükleri önleme şöyle dursun, onların yenilenmesine sebep olur. Alamanların içindeki o canavara baş kaldırtan kendilerini beğenmeleridir, çevrelerindekilere böbürlenerek bakmalarıdır, kinleridir; öyle ise kini, böbürlenmeyi doğuran sebeplerle çarpışmalıyız.

Alamanın iyisi olmıyacağına inanmıyalım; tam tersine: "Yeryüzünün her bucağında olduğu gibi Alamanya'da da kişilerin çoğu elbette iyidir" diyelim. Böyle demeği bir düş arkasında koşmak, doğruya gözümüzü yumup bir düşle kendimizi avutmaktır sanmayın. Gerçekçilik kişioğlunu iyi saymaktadır; kötülüklerini, içinde bir türlü öldüremediği canavarı bilip gene iyi saymaktadır. Kişioğluyuz biz, kendi kendimizle geçineceğiz, yaradılışımız bize bir veridir, ister istemez kabul edeceğiz, ister istemez onunla iş göreceğiz. İyi olduğumuza inanmazsak kötü olduğumuza inanmak gerekir; öyle olunca da kendimizi o kötülüğe, içimizdeki kötü benliğe bırakıveririz. Yalnız kötü olduğumuzu görmek gerçekçilik değildir, çünkü içimizde ne de olsa bulduğumuz iyiliği, iyilik eğilimini yadsımış oluruz. Asıl gerçekçilik, tam gerçekçilik kişioğlunun içindeki kötülük canavarını görürken ondan utandığını, iyiliği ile onu yenmeği dilediğini de görmektir. Öyle bir dileğimiz olunca iyiyiz, yaradılışımızdan iyiyiz demektir. Ama bunun yalnız kendimiz için böyle olduğuna inanmakla kalmamalıyız: iyilik dileğinin bize vergi olduğunu sanıp başkalarında ancak kötülük canavarını görmek, benciliğin, bencilikten de daha utanılacak bir şey olan bizciliğin, her türlü kinin başlangıcıdır.

12

Şu Thomas Mann denilen adamı zaten sevmezdim, son yazdıklarını okuyunca büsbütün soğudum. Hitlerciliğin yenilmesine elbette sevinecekti, tâ ilk günlerden beri o akışa karşı koymak istedi, ona bir diyeceğim yok; ama Alamanya'nın, kendi yurdunun, milletinin ezilmesi karşısında da bir üzgünlük duymuyor. "Oh olsun!" der gibi bir hali var.

Bir yazar ille milliyetçi olmalıdır, Avrupalılardaki anlamiyle milliyetçi olmalıdır demiyorum; bir insan kendi milletinin kabahatlarını, suçlarını da görüp söyliyebilir; milletini hak gözetmeğe, başkalarını çiğnemek dileğini bırakmağa çağırabilir; kendi milletinin her işine gelenin doğru olmadığını söyliyebilir. Bütün bunlara peki. Hattâ bir yazar için, bir düşünce adamı için: "Milletinin tutkularının üstünde olmalıdır, her şeyden önce hakkı, doğruyu düşünüp onu söylemelidir" denebilir. Ama milletinin uğradığı felâkete üzülmiyen kişiden tiksinirim; insanlığı, insanoğlunu sevmiyor demektir. İnsanlığı sevse, aralarında yaşadığı kimseleri de sevecek, onların haline de ilgilenecek. "Komşum vardı, oğlu savaşta ölmüş, evi bomba altında yıkılmış, kendisi, karısı, kızı açlıktan kıvranıyormuş..." diyecek, bununla içi yanacak. Böyle olmazsa, gözlerinin gördüğü insanların acısını paylaşmazsa, öteki insanları nereden anlar? Thomas Mann'da işte bu insanlık yok: "Neme gerek? Ben artık Alaman değilim, Amerikalıyım!" diyor. Yurduna dönmek, orada şaşırmış yığınlara yol göstermek istemiyor. Aralarında büyüdüğü, dillerini konuşup yazdığı insanlara hiç mi sevgisi yoktu? Ama geçen harpte, II. Wilhelm'in "taze, sevinçli harp"inde o da coşmuş, bağırıyordu: "Çarpışma güçlerini yitirmiş, soysuzlaşmış Fıransızları döveceğiz, adam edeceğiz..." daha bilmem neler! böyle saçma sözlerin altına imza atan doksan beş "Alaman aydını" arasında onun da adı vardı. Yıllar geçti de unutuluyor: Hitlerciliğin çıkmasında, dünyada bazı milletlere soysuzlaşmıştır diye bakılmasında, o adamların hepsi sorumludur.

Schopenhauer ile Nietzsche de Alaman milleti, yâni kendi milletleri için çok ağır sözler söylemişlerdir; ama onların kükremeleri altında bir üzüntü sezilir. Milletlerini öyle görmek içlerine dokunuyor, onu bir sarsmak, uyandırmak, daha doğru bir yola sokmak istiyorlar. Kaçış yoktur onlarda. Thomas Mann ise yurdundan kaçıyor, yalnız Hitler'den değil, bir daha dönmemecesine, Hitlercilik yıkıldıktan sonra da dönmemecesine Alamanya'dan kaçıyor. Memleketinden, milletinden, bütün tarihinden sıyrılmağa kalkıyor.

Bir onu düşünün, bir de hapisten hapise giren, her sıkıntıya katlanıp memleketinde kalan Niemoeller'i düşünün. Asıl adam o işte...

Thomas Mann'ın ne adam olacağı kitaplarından da belliydi; öyle özentili bezentili cümleler düzen, bilgilerini göstermek için kitaplarının yarısını başka bir dilde yazan kimselere hiç güvenim yoktur. Onun büyük birer düşünce gibi göstermek istediği sözlere bir tırnak vurun, görürsünüz; birtakım bayağı, köhne şeylerin böbürlene böbürlene söylenilmesinden başka bir şey değildir.

13

Özgür koşuk, yâni serbest nazım aldı yürüdü, iyice yerleşti, yavaş yavaş öğrenim betiklerine bile giriyor. Kafalarını ötedenberi alışık oldukları dar çerçevelerden bir türlü kurtaramıyan, gençliklerinde bellediklerinden başka ne görürlerse dudak büken birkaç kişiyi bir yana bırakırsak, diyebiliriz ki o ölçüsüz, uyaksız şiirleri artık kimse yadırgamıyor. Özgür koşuğu doğarken alkışladım şimdi de kötülemeğe kalkacak değilim. Duygunun, coşkunun dile dökülüşündeki duraklara, kıvrımlara daha yakından uymağa, kuralların yardımına sığınmaksızın ezgilerini kendi kendilerine yaratmağa çalışan o kimi uzun, kimi kısacık mısralara bayılıyorum. Onları okurken ya doğrudan doğruya düşünceyi, ya salt kulağı hoşlandıran uyumu, ahengi bulmak için benim de bir çaba göstermek zorunda kalmam, beni sevindiriyor: ölçülü koşukta, kendimizi biraz bırakıverdik mi bizi uyutacak bir şey, bir ninni vardır; özgür koşuk ise okurun da ille uyanık, ille aygın olmasını ister. Özgür koşuğa bir türlü ısınamıyanlar belki de şiirde bilincimizi uyuşturan, bizi bellisiz düşlere, daha doğrusu bir düş havasına sürükleyen tatlımsı sesleri arıyanlardır.

 Özgür koşuğu sevenlere, onunla şiir söyliyenlere bir diyeceğim yok, ancak ölçülü koşuğun büsbütün bırakılmasını istiyenlerden de değilim. Hep özgür koşuğa gitmeği diliyenler, bana öyle geliyor ki ölçülü koşuğun zorluklarından kaçıyorlar. "Sen de mi ölçülü, uyaklı koşuğun güç olduğunu ileri süreceksin!" demeyin. Sözlerimizi hece ölçüsüne de, aruza da uydurmanın, uyaklar bulmanın pek öyle güç bir iş olmadığını bilirim; birkaç günlük, en çok birkaç aylık bir sıkıntıya katlandık mı, ne istersek ölçülü olarak söyliyebiliriz. Benim düşündüğüm güçlük, o güçlük değil.

 Bir dilde büyük, usta bir şair geldi mi, o dilin şiir kalıplarını kendi dileğince yeniden yoğurur, yumuşatır, sonra da onları yeniden katılaştırıverir. Ondan sonra gelen şairler, ona uyarak kolayca mısralar söyliyebilirlerse de bir yenilik getirmekte güçlük çekerler. Ne demek istediğimi örnek göstererek anlatayım: Baki Efendi'den sonra, Baki Efendi gibi şiir söylemek zor bir iş değildir; içleri, dilleri şiire yatkın kimseler, Baki Efendi'ye kolayca öykünebilirler. Ama Baki'den sonra Nefi'nin, Nefi'den sonra Nedim'in, o büyük ustalardan sonra Yahya Kemal'in, kendi dileklerine göre mısralar yazabilmeleri, şiire yeni bir deyiş getirmeleri çok güç bir iştir. Büğün ölçülü koşuğu bırakan şairlerimiz, kendileri pek bilmeseler de, bence işte bu güçlükten kaçıyorlar. Şiirlerini aruzla yazarlarsa Yahya Kemal mısraları, hece ile yazarlarsa altı-beş ile, yahut yedi-yedi ile hep biribirine benzer mısralar söylemekten korkuyorlar. Bu korku öyle yayılmış ki Cahit Sıtkı Tarancı, Ahmet Muhip Dıranas gibi ölçülü koşukla yazan iyi şairlerimiz bile altı-beşi, yedi-yediyi bırakıp altı-altı, altı-yedi, beş-yedi gibi ölçüler deniyorlar. Oysaki şiire getirmek istedikleri yeni sesi, yeni uyumu eski ölçülere dökebilmeleri, eski kalıpları yumuşatıp yeniden yoğurmaları daha iyi olurdu. Racine'den, Hugo'dan, Baudelaire'den, Verlaine'den sonra Mallarmé, Fıransızcanın *alexandrin*'ini, altı-altılık ölçüsünü bırakmamış, yepyeni bir Mallarmé *alexandrin*'i yaratmıştır.

Bir gün Cahit Sıtkı Tarancı'yı, hece ölçüsüne yeni kalıplar katmağa çalıştığı için övmüştüm; o gün daha çok Ronsard'ı, türlü denemelere girişmiş o büyük ustayı düşünüyordum. Ama şimdi Ronsard'dan neler kaldığını göz önüne getiriyorum: hepsi de altı-altı ile, yahut dört-altı ile, yâni kendinden önce de bulunan kalıplarla söylenilmiş şiirlerdir; bunlardan başka da Fıransız türkülerinin ölçüleriyle yazılmış birkaç şiiri kalmıştır.

14

Baki'nin mısraını Nefi'nin, Naili'nin mısraını Nedim'inkinden ayıran nedir? Aralarındaki ayrımları duysak, sezsek bile açıkça söyliyemiyoruz. Bizde nesnel eleştirme, *afakî tenkid* yok da onun için. Biliyorum ki *"Sen bîhaber, hayalin ile gûşelerde biz – Tâ subh olunca her gece ayş ü dem eyleriz"* beytini Baki de, Nefi de söyliyemezdi, Nedim'den önce kimse söyliyemezdi. Aruz ölçüsünün o kıvraklığı, o akışı, o hali elde etmesi için, Nedim'in gelmesi gerekti. Bize bunları anlatacak, içimizde ancak bir sezgi olanı açıkça gösterecek nesnel eleştirmeye de kimse özenmiyor.

Bizde "nesnel eleştirme" denince bir yazının, bir şiirin, herhangi bir sanat eserinin güzel olup olmadığını söylemek, erdemlerini ağdıklarını belirtmek, beğenilmeğe değeri olup olmadığını, kalıp kalmıyacağını söylemek anlaşılıyor. Oysaki bunların hepsi de birer değer yargısıdır; değer yargısı işin içine karışınca da nesnellik kalmaz, öznellik başlar, "Nesnel kalarak, özünüzü karıştırmadan bana bunun güzel olup olmadığını söyleyin" demek saçmanın ta kendisidir. Bu saçmadan bir türlü kurtulamıyoruz. "Nesnel eleştirme" diye bir söz duymuşuz, ona istediğimiz anlamı vermeğe kalkıyoruz. Herhangi bir sanat eserini değerce yargılamağa kalkan, onun güzel, yahut çirkin olduğunu söyliyen eleştirme, öznel olmak, öznel kalmak zorundadır.

Bir eseri değerce yargılamaktan çekinmiyen eleştirmeci, yargılarının nesnel olduğunu ileri sürünce korkulacak bir kişidir; kendisinin hangi şey güzeldir, hangi şey çirkindir bildiğini, kendisinin beğendiğinin ancak güzel, beğenmediğinin ise ancak çirkin olacağını sanan, buna inanan bir zavallıdır. Ama öyle kendilerini beğenmiş budalalara kananlar da bulunuyor: Boileau söylemiş: *"Her budala, kendine hayran edecek daha bir budalayı bulur!"*

"Soysuz, mütcreddi, *dégénéré*, dünya çapında güzellik" gibi iri lâkırdıların pek kullanıldığı bir çağda "nesnel eleştirme" sözüne öyle bir anlam verilmesine şaşılmaz.

15

Aruz ölçüsü bir gün yeniden dirilecek mi, bilmiyorum. Doğrusunu isterseniz, büğün gerçekten yaşamıyor. Aruzla yazan şairlerimiz yok değil: dergilerde olsun, betiklerde olsun, arasıra aruzla yazılmış şiirler görüyoruz. Ama hepsi de boş, daha doğmadan ölmüş şeyler, birini bile ayırmağa değmez.

"Yahya Kemal'in yazdığı günlerde bu sözü nasıl söyliyebiliyorsun? Onun yazdıkları da mı doğmadan ölmüş şiirler?" diyeceksiniz. Yahya Kemal'in büyük bir şair olduğunu, çağımızın en büyük Türk şairi olduğunu ben de biliyorum; gazelleri de, "Vuslat" "Açık Deniz", "Ses" gibi şiirleri de dilimizin en yüksek eserlerindendir. Yahya Kemal'in şiirlerini büğün bizim sevdiğimiz gibi gelecek kuşakların da seveceğine inanıyorum. Ama bir Yahya Kemal, aruzun yaşadığını ileri sürebilmemiz için yetmez: ondan başka birkaç kişi, gençler arasında da birkaç kişi gösterebilmemiz gerekir, onları gösteremiyoruz. Hece ile yazan, özgür koşukla yazan iyi şairlerimiz, ilgi çeken gençlerimiz var, aruzla yazan yok.

Biliyorum ki bazı kimseler, aruzla yazılmış bir şiir gördüler mi hemen beğeniyor: "Oh! ne güzel! ne güzel! şiir dediğin işte böyle olmalı!" diyorlar, aruz dirildi sanarak seviniyorlar. Öyle beğenip övdükleri şiirler bir iki ay, daha doğrusu bir iki gün içinde unutulup gidiyor; yalnız beğenenler değil, öyle sanıyorum ki yazanlar bile hatırlamıyor.

Aruzun artık Yahya Kemal'inkilerden başka güzel şiir vermemesine seviniyorum sanılmasın, ben salt gördüğümü söylemek istiyorum. "Bizim millî şiir ölçümüz hecedir, aruza artık katlanamayız!" diyenlerden değilim; öylelerine ne dediklerini pek bilmiyen kişiler diye bakarım: Baki gibi, Nedim gibi, Yahya Kemal gibi en büyük Türk şairlerinin işledikleri bir ölçüye millî değildir demek, yalnız o ölçüyü değil, onunla çalışmış şairlerimizi de bizden saymamak olur. Pek yalnız, pek tarihsiz kalıveririz. Bir topluluğu büyük şairlerinden ayırıp sonra ona: "Kendini sev, kendini beğen!" demek, pek aykırı olmaz mı? Fuzuli ile, Baki, Nefi, Nedim, Yahya Kemal ile övünmezsem hangi şairle övüneceğim? Unutmayalım ki Baki de, Nedim de Karacaoğlan kadar, bizim kadar Türktür, Türklüğü yüceltmiş olan kişilerdir; onları bizden ayrı saymağa kalkmıyalım.

16

Tevfik Fikret'i bir şair olarak da, bir kişi olarak da pek sevmediğimi şimdiyedek çok söyledim, yeniden söyliyecek değilim. Büğün de onu savunmağa kalkacağımı sanmayın; öyle bir şey istesem bile o eciş bücüş mısralarını, düşüncesinin de, bilgisinin de darlığına bakmıyarak böbürlenmesini anmak, beni o dilekten döndürmeğe yeter. Hayır, Tevfik Fikret'i beğenip övmeğe kalkacak değilim.

Ama *Büyük Doğu* dergisinin 12'nci sayısında Tevfik Fikret için söylenenlere, doğrusu ya, öfkelendim. Sonundan başlıyalım. Kâzım Nami Duru: "Fikret'in kahramanlığından bahsolundu. Ben o zaman Selânik'te idim. İttihat ve Terakki gizlice İstanbul'a adam gönderip Fikret'e marş sipariş etti. Fikret o şiirleri ısmarlama yazmıştır. Fikret'in İttihat ve Terakki'den evvel Abdülhamid'e muhalefeti yoktur. O da İttihat ve Terakki'ye intisap gayretiyledir. Bilâhare İttihat ve Terakki'den yüz bulamayınca ona da muhalefete geçmiştir. Ben de canlı vesikalar halinde Fikret'in ne samimiyet, ne halisiyet, ne de hakikat çilesiyle yuğrulmamış bir kimse olduğunu isbata hazırım" diyor. Kâzım Nami Duru bu söylediklerinin biribirini tutmadığını görmüyor mu? İttihad-ü Terakki, 1908'den önce Fikret'e adam gönderdiyse, demek ki onun Abdülhamit'e karşı olduğunu biliyormuş, ona güveniyormuş, demek ki Fikret Abdülhamitçi değilmiş. Fikret, İttihad-ü Terakki'ye "intisap etmek" istemiş; ne zaman? 1908'den önce değil mi? Buna "intisap etmek", yâni bir çıkar düşünerek yaranmağa çalışmak denmez, gizli bir parti ile, tehlikeleri de göze alarak işbirliği etmek denir. Fikret ısmarlama marş yazmış... Yazar a! marş denilen şey de ısmarlanmadan yazılmaz ki!.. Hepimiz biliyoruz, Tevfik Fikret Sultan Abdülhamit'i sevenlerden; ondan iyilik görmek diliyenlerden değildi. İttihad-ü Terakki'nin ona yüz vermediği de doğru değildir: Fikret İttihad-ü Terakki'nin bütün yaptıklarını beğenmedi, eski arkadaşlarının arasından çekildi. Büğün bunu bir suç diye göstermeğe kalkmak, Kâzım Nami Duru için övünülecek bir şey olmasa gerek.

Kâzım Nami Duru'dan önce Zahir Güvemli, Fikret'in birtakım şiirlerini Coppée'den aldığını göstermek istiyor. Olabilir. Fikret Coppée'yi pek beğenirdi, onun şiirlerinden birçok parçaları benimsemiştir. Bundan ne çıkar? *"Sünbülî bir hava ki mest-i rükûd – Duruyorken muhit-i nâ-mahdûd – Acı bir hisle sanki ra'şelenir"* gibi mısralar Coppée'nin: *"Sous l'implacable thermidor – Souffre la nature immobile"* mısralarını andırmasa güzel mi olacak? O mısralar güzel olsaydı aşırılmış olmaları gene çirkinleştirmezdi. Bir şairin bir sözü ilk olarak söylemesi değil, güzel söylemesi aranır. Bir şairin çalmalarını aramağa kalkmak kısır bir iştir; Zahir Güvemli daha genç bir yazardır, kendini böyle kolay uğraşmalara kaptırmaması daha iyi eder. Ama bana ne? Gene kendi bilir.

Necip Fazıl Kısakürek, Tevfik Fikret'i kötülemek için ne bulmuş bilir misiniz? Tevfik Fikret Abdülhamit için bir "cülûsiye" yazmışmış... "Hani nerede?" diyeceksiniz. Necip Fazıl Kısakürek, *Servet-i Fünun* dergisinin herhangi bir "cülûsiye"sini alıyor, altında imza olmadığı için Fikret'indir diyor. *Büyük Doğu*'da imzasız çıkan yazılar kendisinin sayılırmış, *Servet-i Fünun*'u da Fikret yönetirmiş, demek o dergide çıkan imzasız *cülûsiye*'ler de Fikret'indir. Akan sular durur, değil mi? Necip Fazıl Kısakürek kendisinden önceki dünyayı pek bilmez, bilmek isteğini de duymaz, ama biz gene kendisine söyliyelim: o yıllarda *cülûs*, yahut *velâdet* donanmalarından sonra çıkan gazeteler, dergiler, Sultan Abdülhamit'i öven şiirler korlardı, koymıyanlar kapatılırdı; bunun için de her dergi, her gazete birtakım tatsız tuzsuz şiirler uydururdu. Necip Fazıl Kısakürek o şiirleri Fikret'in yazdığına kendisini, çevresindeki delikanlıları, belki Kâzım Nami Duru'yu da kandırabilir, ama işin ne olduğunu bilenleri ancak güldürür. "Necip Fazıl Kısakürek güldürmekten korkar mı?" diyeceksiniz; orası da öyle.

17

Sinema elli yaşına girmiş... Bir yol şunu söyliyeyim de içime hicran olmasın: *Sinema*'yı böyle "s" ile yazmak yok mu, betime gidiyor. Fıransızlarla daha bir iki millet Yunancanın *kappa* harfini "c" ile gösterir "s" gibi okurlar diye bizim "s" ile yazmamız mı gerekirdi? *Kinema* demeliydik. *Cinema* da hoş olurdu: cinli minli, ne güzel! Giderek belki "cin aynası" der çıkardık. Bizim çocukluğumuzda vilisipite hani "şeytan arabası" derlerdi, fena mıydı? Sonradan *velosipet*, *bisiklet* diye adlar çıkardılar da iyi oldu sanki!.. Neyse: sinema elli yaşına girmiş. Elli yıl içinde ne kadar da ilerledi!

Öyle sık sık gitmem, ama severim sinemayı; sık sık gitmeyişim gözlerim bozuk da onun için. Yoksa şimdi ne güzel, ne iyi filimler yapılıyor! tiyatroyu göklere çıkarırcasına övüp de sinemayı kötülemeğe kalkanlara kanmayın, ne dediklerini bilmiyorlar. Onlar daha sinemanın tiyatrodan büsbütün başka, apayrı bir sanat olduğunu bile anlıyamadılar. Sinema elli yıl içinde gelişti, fotoğrafla neler yaratılabileceğini gösterdi. Doğrusunu isterseniz insanlığı, sinemadan önceki, sinemadan sonraki diye ikiye ayırabiliriz: sinema bizim dünya görüşümüzü, tabiatı, insanları anlayışımızı değiştirdi. Bir yüzün, bir elin neler neler söyliyebileceğini sinemadan önce pek bilmiyorduk. İyi ki doğrudan doğruya sesli sinema çıkmadı da uzun zaman sessiz sinema ile çalışıldı; şimdi ses ne kadar ustalıkla kullanılırsa kullanılsın, sessizliğin de ses kadar, söz kadar zengin olduğu anlaşıldı. Elli yıl nedir ki! sinema bundan sonra kim bilir daha neler başaracak!

Sinemayı severim, severim ya, büğünlük biraz da çekiştirmek istiyorum. Çekiştirmek de değil, içimi kurcalıyan bir şüphe var, onu söyliyeceğim. "Sinema bir sanat mıdır?" diye düşünüyorum, evet demek için içim titriyor, bin bir tane sebep buluyorum, gene de diyemiyorum. Şiir gibi, musiki gibi, resim gibi, tiyatro gibi bir sanat değil...

Neden değil? Geçip gidiyor, kalmıyor da onun için değil. Bundan yıllar önce gördüğüm birkaç filimi düşünüyorum: meselâ Max Linder'in komediaları, meselâ Jacques Feder'in *Thérèse Raquin*'i. Ne güzel şeylerdi onlar! ne oldular şimdi? Çocuklarımıza gösterebiliyor muyuz? Anlatabiliyor muyuz? Geçip gittiler, bir gün gelecek, büsbütün unutulacaklar.

Max Linder'in filimleri, Jacques Feder'in *Thérèse Raquin*'i sessiz sinema zamanında idi. Charlie Chaplin'in eski filimleri gibi ortadan kalktı, büğün bir yerde gösterilse sesli sinemaya alışan müşteriler artık beğenmez. Bir kere böyle eskimek, *geçmek*, sanat için bir suçtur. Hem yalnız sessiz sinemanın güzel eserleri mi eskidi, geçti? Daha beş yıl önce görüp de pek beğendiğimiz bir filimi büğün bir daha görmek istedik mi, bir türlü çaresi bulunmuyor. Sevdiğim bir şiiri, bir romanı istediğim zaman yeniden okuyabilirim; bir bestenin fonograf için pılağını alırım, resmin iyi kötü bir *reproduction*'unu edinebilirim; tiyatro eserini hiç olmazsa okurum. Sinema için böyle bir şey yok. Bir komediayı, bir tragediayı okur gibi bir sinema *scénario*'sunu okuyamam ki! Deminden de söyledim; tiyatro başka, sinema başkadır; bir tiyatro eserinin özü kitaptadır, sinemanınki ise resimdedir, hem de canlı, yâni kımıldanan resimde: bir filimden beş on resmi kesip fotoğraf gibi bassanız ona sinema denmez ki! kitabını okuyacağınız *scénario* ise filimden büsbütün başka bir şeydir; güzel bir hikâye olabilir, ama bir filim değildir.

Walt Disney'in bir filimini görmüştüm: Miki Fare orkestra başına geçmiş, *Wilhelm Tell*'in *ouverture*'ünü çaldırıyordu; ben ömrümde o kadar güzel sanat eseriyle az karşılaştım. Ama ben onu özlediğimde gene görmek isterim, çocuğuma da gösterebilmeliyim; ne kadar güzel bulduğumu söylediğim kimselere: "Gidip siz de görün!" diyebilmeliyim. Yoksa yalnız eskiyi övüp de yeniyi kötülemeğe kalkan bunaklara dönerim. Benim o filim için şöyleydi, böyleydi demem bir şey değildir, sözüme inanacak kimsenin o filimi görmesi gerektir.

Sinemanın bir sanat, resim gibi, şiir gibi, musiki gibi kalıcı bir sanat olması için bunun bir çaresi bulunmalıdır. Bir kişinin kitapları olur, fonograf pılakları olur, resimleri olur; onun gibi evinde filimleri de olmalıdır. Büğün de olabilir; ama bir düşünün, ne kadar para ister!

Dediğimi anlamıyanlar bulunabilir; onun için şunu da söyliyeyim: ben, sinema bir sanat değildir demiyorum; sinemada sanat olmak için her şey vardır, yalnız büğünkü halinde bir şeyi, yarına kalma gücü eksiktir diyorum. Bence de sanatın en önemli erdemi odur.

18

Kalmak kalmak diyoruz, ama sanat eserleri gerçekten kalıyor mu?.. İki bin şu kadar yıldır Homeros'un destanları yaşıyor diyoruz, sahiden yaşıyor mu? Fuzuli, Baki, yahut daha yakın çağların yazarları, meselâ Balzac ile Stendhal, büğün okunuyorlar mı?

Bu sorulara cevap vermek zordur. İlk bakışta: "Evet" diyebiliriz. Ama bir düşünelim: iki bin şu kadar yıldır okunan Homeros destanları, sadece Homeros'un yazdığı destanlar mıdır? Bozulmuştur, birçok mısralar karışmıştır, biz onların dilini anlamıyoruz gibi şeyleri işin içine katmıyorum: onlar ayrı. Diyelim ki *İlion Destanı*, Homeros'un yazdığı gibi elimize geçmiştir, biz de Yunancayı çatır çatır okuyup anlıyoruz. Ama gene Homeros'la bizim aramızda iki bin altı yüz, iki bin yedi yüz yılın yargıları, övgüleri var, eser onlarla büyümüş, şişmiş, tazeliği kalmamış Balzac için, Stendhal için de öyle...

Zaten eski yazarları kim okuyor? Okurların en çoğunun, yüzde belki doksan beşinin aradığı yeni kitaplardır. Çünkü okurların çoğu, okudukları kitaplarda ille kendilerini, kendi zamanlarını görmek isterler. Eski kitaplardan da alırlar, ama okumazlar, bir rafa koyup bırakırlar. Bunun için kalmak, bir bakıma, bir masal olmak, dillerde bir *efsane* olmak demektir.

Biz yazı yazanlar hepimiz kalmayı dileriz, kalacağımızı kurarız; boş bir avuntudur o. Yazdığımız günlerde ne kadar okunuyorsak işte o kadar okunacağız. Sonra da belki okul çocuklarının başlarına belâ kesilir, sınavlarda dönmelerine sebep oluruz, işte o kadar.

19

Varlık dergisinin şubat sayısında okudum, Ahmet Hamdi Tanpınar şiir üzerine derin derin, büyük büyük sözler söylemiş. Ne dediğini, doğrusu, ben pek anlamadım, ancak o sözlerin önemi deyişten de seziliyor. Düşündüklerini bildirmesine Türkçe yetmemiş, dilimize karışan Arapça ile Farsça da yetmemiş, Firenkçeye de sık sık başvuruyor. "Biçim" demek şöyle dursun, "şekil" bile demiyor, "form" diyor. Der a! daha güzel oluyor öyle... Neden "geştalt" dememiş, ben asıl ona şaştım; anlama bir şey katmazdı, katmazdı ya, sözü bir kat daha yükseltiverirdi. Şairin ödevi de, biliyoruz, öylesine güzellikler, ruhlu okuru büyüleyiverecek yüksek lâkırdılar yaratmaktır... Yalnız *form* demekle kalmamış; eli değmişken "kriz, sübjektif, enkonsiyan" gibi sözleri de alıvermiş. Bir "raccourci" sözünün Türkçe olabileceğinde küşümü var ki onu eğik yazıyle dizdirmiş.

Hamdi Tanpınar şiirin "Kanatlı söz" olmasını istermiş... Hah! sonunda kuşa benzetti şiiri! "'Kanatlı söz' de ne demek ola?" diye düşünüyordum, çabuk buldum: Firenkler "vers ailés" "paroles ailées" derler. Homeros destanlarının Fıransızcaya çevirilerinde de o söz ikide bir geçer. Öteden beri alışıklık var da ondan mıdır nedir? Firenkçe olunca bana batmıyor da Türkçesi betime gidiverdi. Doğrusu, "bir Tanrı geldi, şu kanatlı sözleri söyledi" demekle "fakat benim şiirden anladığım bir taraf daha vardır: 'Kanatlı söz'" demek bir değildir; destanda, şiirde tüm bir açıklık aramıyoruz; ama bir şair, bir yazar şiirin ne olduğunu anlatmağa kalkınca ne demek olduğunu kavrıyabileceğimiz sözler söylemesini bekliyoruz; Hamdi Tanpınar şiirin "kanatlı söz" olmasını, şiirde öyle bir *taraf* bulunmasını istermiş, peki, ama "kanatlı söz" deyince ne anlıyor, onu bir söylesin.

Firenkçeye pek vurulmuş Hamdi Tanpınar, söz almakla kalmıyor, Firenkçe deyimleri de dilimize çeviri çeviriveriyor. "Tercihlerimin nereye gittiğini anlıyorsunuz" diyor, belki gözden kaçar diye aşağıda bir daha söylüyor: "Modern Fıransız şiirini elimden geldiği kadar takip ediyorum. Fakat tercihlerim yenilere değil..." Evet, Fıransızların *préférence*'ları *aller* eder ama bizim *yeğinleme*'lerimiz, yahut *tercih*'lerimiz oturur oturduğu yerde, Efendim, gitmez bir yere. Hamdi Tanpınar da bilir bizim *tercih*'lerimizin bir yere gitmiyeceğini, bilir ya, günden güne Türkçeyi beğenmez oldu, böyle incik cincikle bezemeğe kalkıyor. Yakındır, keman da oynar Hamdi...

Yahya Kemal için şöyle diyor: "Modern Türk şiiri Yahya Kemal'le başlar. Yâni sokak ve ev konuşmasını nazım diline getiren ilk adamımızla..." Buradaki "sokak konuşması" sözünü beğenmedim, Türkçede "sokak konuşması" demek kötü bir şeydir, Yahya Kemal şiire sokak konuşmasını sokmadı, onu eskiden Vasıf "Olma sokak süpürgesi kadın kadıncık ol" yahut "On beş yaşında kendime bir oynaş arayım" gibi mısralarla denemiş, sonradan Âkif becerebilmiş... Ama öyle demek istemiyor Hamdi Tanpınar, "sokakta her gün konuştuğumuz Türkçe" demek istiyor, biz de bir yol Tanrıya benzeyelim de eylemleri dileklere göre yargılayalım... Evet, Yahya Kemal konuştuğumuz dille şiir yazan ilk şairimiz oldu, böylece büğünkü şiiri o kurdu. Hamdi Tanpınar da Yahya Kemal'e benzemeğe pek özenir, o da yapsa ya Yahya Kemal'in yaptığını! Yahya Kemal şiirini evde konuştuğumuz, sokakta konuştuğumuz dille yazıyorsa, bu da iyi bir şeyse ne duruyor Hamdi? Şiir üzerine düşündüklerini, daha başka konular üzerine düşündüklerini, evlerimizde duyduğumuz, sokaklarda duyduğumuz dille yazsın.

Hepimiz biliriz, ya kendimiz düşünmüşüzdür, ya bir yerde okumuşuzdur: kurallara uymak, şaire birtakım şeyler buldurtur; bir şiirde uyak, *kafiye* hatırı için yazılmış mısra, o şiirin en güzel mısraı olabilir. Bakın, Hamdi Tanpınar bunu nasıl söylüyor. "Kaldı ki eski retorik kaidesi dediğimiz ve hattâ benim muasırlarımla konuşurken taraftarı olmaktan mahcup olduğum şeyler, yâni şu vezin ve kafiye ve onların etrafında ferdî olarak kendi kendimize kurduğumuz icaplar, düşüncenin tesadüflerini zorlamakta büyük yardımcıdırlar." Her sözü okur okumaz anlamak istiyenlerden değilim; bilirim, çabuk çabuk kavranmıyacak düşünceler vardır, okurdan da bir emek beklerler. Ama ben bir sözün anlamını çözmek için uzun uzun uğraşırım da sonra kırk yıldır bildiğim, haylı da su götürür bir düşünce ile karşılaşırsam ne yaparım? Emeğimi esirgemiyeyim, ama sonra da bir şey öğrenmiş olayım. Yahya Kemal, söyliyeceği bir şiir olduğu için onu gündelik dille söylemekten kaçınmadı; böyle karmakarışık yazanlar ise düşündüklerinin, söyliyeceklerinin ahım şahım bir şey olmadığını biliyorlar, onu süsler püslerlerse değerlendireceklerini sanıyorlar, yâni kısacası, okuru kandırmağa kalkıyorlar.

Söze başlarken Hamdi Tanpınar'ın dediklerini anlamadığımı söylemiştim: neden anlamıyayım? Bilisizsem de büsbütün okumam yazmam yok değil ya! neler dediğini anladım, ama bir şey demiyor işte, biribiriyle ilgili olsun olmasın birtakım sözleri yan yana getirmiş, bir hoh dediniz mi eriyiverecek bir tutkalla yapıştırmış, kurula kurula: "Şiir nedir diye mi sordunuz? Haa! bilirim ben onu, hele durun da anlatayım!" diyor.

Neden kızıyorum Hamdi'ye? Benim kırk yıllık dostumdur; şu yeryüzünde en sevdiğim kimselerdendir. Ama gücüme gidiyor o tuttuğu yol, kendi kendine ediyor Hamdi, birtakım sözlerin anlamlarına değil, yabancılıklarına, ağzı doldurmalarına vuruluyor, onları sıralamakla işinin bittiğini sanıyor. Biraz yalın, yâni *sade* yazsın, söylediklerinin öyle büyük, önemli şeyler olmadığını kendi de anlar, bırakır onları, gerçekten düşünmeğe başlar. Hamdi'nin düşünürse iyi sözler, doğru, güzel sözler söyliyebileceğini sanırım, daha umudum kesilmedi ondan. İlle öztürkçe ile yazsın da demiyorum, şu konuştuğumuz dille yazsın, onunla da çok şeyler söylenebilir.

Ama, biliyorum, boştur Hamdi'ye öğüt vermek. O birtakım dostluklar arkasına çekilecek, o dostlarını övecek, dostları onu övecek, sonra da kendisi bunları gerçekten bir başarı sanacak. Kandıracak kendini, yitirecek kendini; kendini yitirmesi bir şey değil, iyi, belki de büyük bir yazar olabilirdi, biz de o yazardan yoksun kalacağız.

20

Yeni şair, *ısmarlama* şiir yazamıyan kişidir. Paul Valéry kendisine yazı ısmarlanmasına pek sevindiğini söyler; hele konusundan başka uzunluğu da önceden söylenirse daha çok sevinirmiş. İnanmayın: Paul Valéry kendisine, yazmak istediği yazıların ısmarlanmasını isterdi. Gerçekten ısmarlama şiir, ısmarlama yazı yazmaktan hoşlansaydı, yaşadığı günlerde yurdu birtakım sevinçler tattı, acılar geçirdi, onlar için de yazardı. Eserinde öyle bir şey bulamazsınız: günün olaylarından konuşurken bile eski bir şeyi, kendisiyle ilişiği olmıyan bir şeyi anlatıyor sanırsınız. Yahya Kemal'de övmek isteği vardır; eserinin bir kısmında Divan şiiri yolunu tuttuğu için kaside yazması gerektiğini de anlar. Över; ama kimi över? Fatih'i, Yavuz'u, Gedik Ahmet Paşa'yı över; çünkü geçmiş yüzyılların insanlarının övülmesi ısmarlama olamaz.

Yeni şair ısmarlama yazıdan, ısmarlama şiirden o denli çekinir ki gününün olaylarına, bir kişi olarak büyük bir ilgi gösterse bile, sevinse, üzülse bile, sevincini, üzüntüsünü şiirine kolay kolay koyamıyor. Eski çağların sevinçlerini, acılarını söyliyebiliyor da kendi çağındakileri söylemiyor, yahut kendi çağının sevinçlerini, acılarını söylemek için de gene eski çağlarınkini anlatmağa kalkıyor.

Bügün ısmarlama şiir yazabilen şair yoktur demiyorum, var, belki eskisinden daha da çok var. Ama onların yazdıklarına, sözleri, biçimi ne olursa olsun, yeni şiir diyemiyoruz. Niçin diyemiyoruz? Niçin olduğunu bilmem, diyemiyoruz. Günümüzün büyük şairleri, gerçek şairleri, bize günümüzün olaylarının, sevinçlerimizin, acılarımızın şiirlerini söyliyemiyorlar.

21

Şiir üzerine tartışmalar, çekişmeler sürüp gidiyor. Bir bakımdan iyi bir şey: doğru, yanlış, hepsi de ilgiye değer birtakım düşünceler üzerinde durmamıza, kendimizin hangi yandan olduğumuzu, ne demek istediğimizi daha açıkça anlayıp anlatmağa çalışmamıza sebep oluyor. Bir bakımdan araştırmamız ne olduğumuzu bilmediğimizden gelmez mi? İyice bilseydik, şiir dediğimiz zaman hepimizin anladığımız bir olsaydı bu kadar çekişmezdik. Hattâ kendimizce şiirin ne olduğunu iyi bilsek gene bu kadar çekişmeyiz: karşımızdakilerin araştırdıkları bizim anladığımızdan büsbütün başka bir şeydir der geçeriz. Şiiri sevmiyoruz demiyorum; seviyoruz, ama sevdiğimizin ne olduğunu pek bilmiyoruz. Şiiri seviyoruz; ama niçin sevdiğimizi söylemek, sevgimize sanki bir özür bulmak istiyoruz. "Şiiri seviyorum da onun için seviyorum" deyip kesemiyoruz. Montaigne: "Ben onu severdim, çünkü o, o idi, ben de bendim" der... Biz şiiri öyle sevemiyoruz.

Doğrusu bu tartışmalarda bir kavga havası var: her söyliyen karşısındakileri yermek, kötülemek, dediklerini ille bozmak; hattâ anlamamak istiyor. Şiir sözü üzerinde anlaşamadığımız gibi tartışmaya karıştırılan öteki sözler üzerinde de, meselâ *mânâ* sözü üzerinde de anlaşamıyoruz. Mânâ ne demektir? Onu bir çözümlemeğe, açıklamağa çalışmalıyız.

Mânâ bize bir şey anlatır, bir haber verir: "Her kişi ölümlüdür" deyince karşımızdakine anlatmak istediğimiz bir düşüncemiz vardır. Karşımızdaki bizim dilimizi bilmiyorsa tercüme ederiz, hattâ işaretlerle anlatmağa çalışırız. Bir sözün mânâsını anladıktan sonra artık o sözü unutsak da olur, biz başka türlü de onu anlatabiliriz. Ama sanat eserindeki mânâ yalnız şiirde değil, herhangi bir sanat eserindeki mânâ o eserde büründüğü şekilden başka hiçbir şeyle, hiçbir sözle anlatılamaz. Belki bir şiiri, herhangi bir sanat eserini, mânâsı için, yâni bize duyurduğu, bize düşündürdüğü şey için seviyoruz; ancak onun bize duyurduğu, düşündürdüğü şeyi yalnız kendisi duyurtabilir, yalnız kendisi düşündürebilir.

Bir bestenin mânâsı yok mudur? Vardır: bir bestenin mânâsı, siz o besteyi dinlerken duyduğunuz, düşündüğünüz şeydir, şeylerdir. Ama o besteyi dinlerken duyduğunuz, düşündüğünüz şeyleri sözle anlatamazsınız. Çözümlemeğe, uzun uzadıya açıklamağa çalışırsınız, gene de bilirsiniz ki bütün söyliyecekleriniz o bestenin asıl mânâsı değil, asıl mânâsının çevresinde dolaşan, onunla birleşemeyen birtakım sözlerdir. Tatyos Efendi'nin "Kürdîli hüseynî saz semaisi"ne bayılırım, ne zaman dinlesem içimde birçok duygular, mânâlar uyanır, belirir; ama o bestenin bir mânâsı, yâni tercüme edilecek, başka türlü de anlatılabilecek bir mânâsı var mıdır?

Şiiri, herhangi bir sanat eserini belki mânâsı için seviyoruz; belki bizim şekil dediğimiz mânâdan başka bir şey değildir, ama o mânâ, sanat eserinin sanat mânâsı, bizim her gün kullandığımız mânâ sözünden büsbütün başkadır.

Geçenlerde Nedim'in: *"Bir nîm neş'e say bu cihânın bahârını – Bir sagar-ı keşideye tut lâlezârını"* beytini anmış, "Bu dünyanın baharını bir yarı neşe say; lâleliğini çekilmiş, içilmiş bir kadeh şaraba müsavi bil" sözünün o beyitle bir ilişiği olmadığını söylemiştim. Gene de ikisi arasında bir benzerlik bulamıyorum... Evet, ikisi de bir mânâda; ama mânânın şu her gün kullandığımız mânâsında bir mânâda. Nedim'in beytini okuyunca biz onları mı duyuyor, onları mı düşünüyoruz? Ben o beyitte eşsiz bir hüzün seziyorum: hüzünle karışık bir hazseverlik. İçinde hem hüzün var, hem haz var. Ama doğrusunu isterseniz hüzünle karışık hazseverlik dediğim zaman o beytin mânâsını bozduğumu, yâni benim ondan duyduğumu, anladığımı anlatamadığımı seziyorum. Tıpkı bir besteden anladığım mânâ gibi, Nedim'in o beytini sevenler belki benim sevdiğim gibi sevmiyor, belki onlar o beyti duyunca büsbütün başka şeyler duyuyor. Olabilir. Ama şundan eminim: hiçbiri, o beyti gerçekten sevenlerin hiçbiri, onu okurken, dinlerken, Abdülbaki Gölpınarlı'nın tercümesindeki mânâyı anlamıyor, onu duymuyorlar. O beyit bize, tercüme edilebilecek mânâsiyle değil, ahengiyle, sözlerinin yan yana gelmesinden çıkan üstün bir mânâ ile bir şeyler anlatıp bir şeyler duyuruyor. Şiir değeri bizce işte o halindedir.

Benim duyduğum anladığımla sizin duyup anladığınız büsbütün başka olabilir dedim. Evet, ben o şiirden bir hüzün duyuyorum diye ille sizin de duymanız gerekmez. Belki sizce o beyit yalnız baharı anlatıyordur, belki yalnız hazzı söylüyor, belki büsbütün başka duygular uyandırıyor. Olabilir. Güzel şeklin öyle bir gücü vardır: birçok mânâlarla zenginleşir. Geçmiş yüzyıllardan kalma eserlerde bizim yeni yeni mânâlar bulmamız, yaratıcılarının belki hiç düşünmedikleri şeyleri görmemiz bunun için değil midir?

Şiir mânâda değildir derken işte bunu söylemek istiyorum; yoksa biz, şiiri yalnız ahengi için okuruz, şiirde yalnız kelimelerin verdiği zevki duyarız gibi bir şey söylemek istemedim. Şunu da söyliyebilirim: şiiri mânâsı için severiz, şiir mânâdadır, ama bu mânâ tercüme edilebilecek, başka kelimelerle anlatılabilecek bir şey değildir.

22

Biliyorum, Edebiyat-ı Cedidecilerin ettiği hizmet büyüktür. Onlardan önce gelenler Batı illerinin düşüncesini, duygusunu merak etmiş, öğrenmeğe çalışmış, yazdıklarında öğrendiklerinin bir izi, bir yankısı bulunmasını istemişler. Ama hepsi de dışarıdan, uzaktan bakmış, Batı ile Doğu arasındaki sınırı kaldırmak, Avrupalı bir yazar olmak birinin aklından geçmemiş. Ziya Paşa: *"Diyar-ı küfrü gezdim beldeler kâşâneler gördüm – Dolaştım mülk-i İslâmı bütün vîrâneler gördüm"* derken İslâm ülkesindeki halden elbette yakınıyor, kendi yurdunda da büyük şehirler, güzel yapılar görmeği diliyor, "diyar-ı küfr" diye alay ettiğinden belli: "Avrupa'yı hor görmeyin, *gâvur* deyip de geçmeyin, örnek alın" diyor; ancak büsbütün değişmeğe razı değil, Avrupalı olmak arzusu yok. Avrupa'yı bilen, anlıyan, Avrupa'dan örnek alan bir Doğu adamı olarak kalacak. Bakın, gazel yazmağı bırakmıyor, mısraı kıramıyor, ötedenberi yazılagelen şiirden ayrılamıyor. "Biz de Avrupalılar gibi yazalım, biz de birer Avrupalı olalım" diyemiyor. Geleneği kırmak, Avrupalı bir yazar, Avrupalı bir şair olmağa özenmek ilk adımı atmak şerefi Tevfik Fikret'indir. Halit Ziya'nındır, Cenap Şahabettin'indir.

Biliyorum öyle olduğunu, Edebiyat-ı Cedidecilere borcumuz büyüktür. Doğru yolu onlar gösterdi, doğru yola ilk onlar girdi. Biliyorum, ama sevemiyorum o adamları. Sadece hoşlanmamak, zevkime uygun bulmamak değil; kendimi ne kadar zorlasam boş, o adamlara saygı duyamıyorum. Fikret'in, Cenap'ın şiirlerini okumak istesem beni bir gülmek tutuyor. O adamların özleri, nitelikleri beni kendilerinden uzaklaştırıyor. Avrupalı olmak istedikleri doğru; ama Avrupa'yı derinden derine öğrenmek istemiyorlar. Tevfik Fikret Fıransız şairlerini bilmiyor, öğrenmeğe de çalışmıyor. François Coppée'yi okumuş, Sully Prudhomme'u okumuş, zamanının birkaç şairini daha okumuş, o kadar: Villon'u, Racine'i, Hugo'yu, Baudelaire'i bilmiyor. Beyoğlu'nda duyduğu, yahut Paris'in bir gündelik gazetesinde gördüğü adlar ona pekâlâ yetiyor. Bize Avrupa'yı tanıtmak istiyen, Avrupalı bir şair olmağa kalkan adam, öyle bir adam olmamalıydı. Fikret'te, Fikret gibi gerçekten yenilik getiren bir adamda derin bir tarih duygusu bulunmalıydı; Fikret Fıransız şiirini iyice öğrenmeliydi. Fikret kendi dilinin şiirini de iyice bilmeliydi, dilinin tadını duymalıydı. Onda bu erdemlerin biri yoktur. Bunun içindir ki Avrupalı bir şair olmuştur, ama Avrupa'nın ancak küçük şairlerine, ortanın altında sayılacak şairlerine benziyebilmiştir. Ahmet Paşa, Necati, onlardan sonra Baki İran şairlerine benzemeğe özenmişler, ama onlar İran şiirini gerçekten biliyor, örnek olarak zamanlarının herhangi bir şairini değil, İran'ın en büyük şairlerini seçiyorlar. Kurdukları dil Türkçe değildir, ama güzel bir dildir, Türkçenin zevkine uygundur; çünkü büyük şairlerle düşe kalka dil zevkini edinmişlerdir. Tevfik Fikret'le arkadaşlarının kurdukları dil ise Türkçe olmadığından başka güzel de değildir: François Coppée'nin,

Sully Prudhomme'un şiirinden, Paul Bourget'nin nesrinden güzel dil hevesi edinilebilir mi?

Edebiyat-ı Cedidecilerde sinirlendiğim şey züppelikleri değildir. Ahmet Paşa ile Necati de züppedir, Baki Efendi de züppedir. Yaratıcılık için, bir memlekete dışarıdan bir yenilik getirebilmek için züppelik belki de gereklidir. Ama Ahmet Paşa, Necati, Baki Efendi üstün birer züppedir, Fikret'le arkadaşları ise öyle değildir. Bunun içindir ki büğün Ahmet Paşa'ya, Necati'ye, Baki'ye züppe deyince bir tuhaf oluyoruz, bir terbiyesizlik etmişiz gibi utanıyoruz. Fikret'le arkadaşlarının züppelikleri ise günden güne bize batıyor.

Geçen gün Agâh Sırrı Levend'in "Servetifünuncular ne diyorlar?" adlı yazısını okuyordum. Cenap Şahabettin'in birkaç satırı üzerinde durdum: "Vâkıa meselâ *şehik* yerine *içini çekme* demek mümkünse de şehikin hâlât-ü derecatını tarif için kullanılacak sıfatları öyle *içini çekme* tâbiri gibi birkaç kelimeden mürekkep bir şeye cebren izafe etmek muhill-i vuzûh olacağından, öyle varlar âdetâ yok demektir... Büğün maddî ve manevî tatlılık keyfiyetiyle münasebet alan her şey o kelime ile (*nûşin* kelimesiyle) tavsif olunabiliyor: *emel-i nûşin, ömr-i nûşin* ve hattâ *hikâye-i nûşin* deniliyor, bu sayede alelâde zebanzer olan *tatlı emel, tatlı ömür, tatlı hikâye* terkipleri icab-ı siyaka muvafık bir şekle vaz' edilebiliyor."

Alay mı ediyor bu adam? Bir insanın gerçekten böyle düşünmesi, *tatlı emel* sözünde bir bayağılık bulup emel-i nûşin demekte bir kibarlık olduğunu sanması olacak şey mi? Ama öyledir Edebiyat-ı Cedideciler; hepsinde zorla kibar olmak kaygısı vardır; düşüncelerinde, duygularında bir büyüklük bir yükseklik yoktur; olmadığını sanki kendileri de bilirler de onun için özlerini kelimelerle örtmek, bizi de, kendilerini de kandırmak isterler. Hani "çukulata" demeği bayağı bulup da ille "şokola" diyen ne oldukları belirsiz insanlar var. Edebiyat-ı Cedideciler, hele büyükleri, işte onlara benzerler.

Edebiyat-ı Cedidecilerin ettikleri hizmetin büyük olduğunu biliyorum, biliyorum ama, nasıl söyliyeyim, onlara öyle büyük bir hizmet ettikleri için kızıyorum. Doğrusu, öyle büyük bir hizmet etmeğe lâyık adamlar değillermiş.

Baki Efendi en sevdiğim şairlerdendir; bence Osmanlı devletinin en ulu şairi odur. Nedim'in bir hoş edası, Galip'in bir derinliği, hiç olmazsa bizde derinlik duygusu uyandıran bir hali vardır; Nefi'de bizi saran, sanki ayağımızı yerden kesen esrikleyici bir hava buluruz. Ama Baki'nin şiirini okurken duyduğum saygıyı öteki şairlerimizin birini okurken duyamadım. Baki divanını açınca bir hakan katına çıkmış gibi oluyorum.

O divanı elimden bırakmam demiyeceğim; insanın elinden bırakamadığı kitap olmaz. Olmaması da daha iyidir; bir şairden, sevdiğimiz bir şairden usanmak ne acı şeydir!.. Sık sık açarım o divanı, okumadığım yeri öyle sanıyorum ki kalmamıştır. Ancak her gazel, her beyit ezber edilemiyor. Bazıları da güzelliklerini bize ilk okuyuşta değil, sonradan, çok sonradan gösteriyor.

Dün divanı gene açmıştım: *"Hadis-i aşkı harf ü lafz ile kılmaz edâ amma – Ne ra'nâ söyler ol mâ'nâyı çeng ü nâyı söyletsen"* beyti bana yabancı gelmedi; ama ne zamandır unutmuşum. Unutmasaydım büğünlerde, şiirde mânâ çekişmeleri sırasında anardım. Geçenlerde bir saz semaisinden mânâlar sezdiğimi söylemek istemiş, uzun uzun satırlar karalamıştım. Şair ise benim bütün söylemek istediklerimi, çabalayıp da söyliyemediklerimi bir beyitle aydınlatıveriyor.

Şairleri, büyük şairleri okudukça gönlümüz bir neşve ile doluyor ya, onlarda bizi küstüren bir şey de var; bizim bütün düşündüklerimizi bizden çok önce düşünmüş, hem de oynar gibi düşünüp oynar gibi söyleyivermişler...

Baki'den bir mısra daha. Güzel bir mısra değil, ama şiir tartışmaları sırasında anılması gereken bir mısra: *"Hüner esrar-ı mâ'nâ anlamaktır lafz-ı muğlaktan"*. "Mânâ" demiyor, "esrar-ı mânâ" diyor; ne kadar aydınlatıcı bir söz! belki vezin hatırı için öyle söylemiş; ama vezin hatırı için sözü bozmayıp zenginleştirmeyi bilmiş.

Sanat adamı içinde yaşadığı dünya ile, gerçekle çalışmaktan kaçınamaz. İsterse Ahmet Haşim gibi: *"Seyreyledim eşkâl-i hayatı – Ben havz-ı hayalin sularında"* desin, ancak kendi düşünde var olan bir âleme daldığını sansın, gene bu dünyayı anlatır. Ahmet Haşim de söylüyor zaten: *"Bir aks-i mülevvendir anınçün – Arzın bana eşcâr ü nebatı"*; yâni düşünün sularına eğilince gördüğü gene bu toprağın bitkileridir, yeryüzünde olanların belki daha renkli birer yankısıdır. (Doğrusu, hiç de iyi söyliyememiş! diyeceği kendiliğinden vezinli, kafiyeli olarak, bir heyecanın musikisiyle gelmiyor. Ahmet Haşim o diyeceğini bir şiir edebilmek için çalışıyor, didiniyor; uğraştığını da belli ediyor, temiz, güzel bir dil kaygısı duymadığını da belli ediyor.)

Sanat adamı gerçekle çalışmaktan, eserini gerçekle yoğurmaktan kaçınamaz, çünkü duyu, duygu, düşünce, nesi varsa hepsini bu dünyadan, kendisine verilmiş olan dünyadan almıştır. Ellerimizin değdiklerini küçümseyip ruhun yüce ağınlarını bildirdiklerini uman zavallılar bile gene toprağa bağlıdırlar. Ancak insanlar iki türlüdür: kimi kendine verilmiş olanı beğenir, onunla yetinir, kimi de onu düzeltmek, kendince daha güzelleştirmek ister. Bunlar biribirinden kesin sınırlarla ayrılmıştır demiyorum: hemen her insanın gördükleriyle yetindiği günleri olduğu gibi gördüklerini işlemeğe kalktığı günleri de olur. Ancak kiminde hayranlık, kiminde de düzeltme dileği daha güçlü olur.

Sanat adamları daha çok düzeltmek, güzelleştirmek istiyenler arasından çıkar. (Dünyayı düzeltmek; güzelleştirmek istiyenler derken devrimcileri, bir topluma, yahut bütün dünyaya yeni yollar çizmek diliyenleri düşünmüyorum. Sanat adamı bir devrimci olmıyabilir.) Hemen hiçbir sanat adamı, gördüklerini olduğu gibi söylemek istememiştir; seçer, büyültür küçültür, istese de istemese de kendi kişiliğini katar. Gerçekle yetinemez; gerçeği alır, kendi düşleriyle, düşünceleriyle yoğurur. Bunun içindir ki hiçbir sanat adamı bir yandan bir gerçek adamı, bir yandan da bir düş adamı olmaktan kurtulamaz. Sanat adamlarını gerçekçi olmağa çağırmak da, gerçekten daha yüksek bir âlemi anlatmağa çağırmak da boştur; o iki dilek de onun içinde kendilerinden vardır. Tam bir gerçekçi olmak isteyen Emile Zola bile: "Sanat tabiatın bir mizaç arasında görünüşüdür" demekle sanata, sanat adamının kişiliğinin, yâni düşüncelerinin, düşlerinin, eğilimlerinin, titizliklerinin karıştığını kabul etmiştir. Sanat adamı gerçeği söylemekten kurtulamıyacağı gibi kendini bildirmekten de kaçınamaz.

25

Sanat adamının salt gördüklerini söylemekle kalmaması gerektiğini anlatmak için: "Sanat fotoğrafçılık değildir" diyenlere gülerim. Fotoğraf, önüne konulanı olduğu gibi mi gösteriyor? Ne kadar değiştirdiğini, düzelttiğini, bozduğunu, başkalaştırdığını fark etmiyorlar mı? Bir şeyi tam olduğu gibi gösteren bir fotoğraf çıkarmak ancak en büyük fotoğrafçıların elinden gelebiliyor. Çünkü ancak en büyük fotoğrafçılar bir şeye nereden, ne zaman bakılırsa kendini olduğu gibi göstereceğini anlıyorlar. Yâni çektikleri fotoğrafa kendi düşüncelerini, seçme güçlerini, kısacası kişiliklerini karıştırmak şartiyle istediklerine erebiliyorlar.

Öyle kusursuz, bir şeyi tam olduğu gibi gösteren bir fotoğraf karşısında da düşünüyoruz: "Acaba bu şey gerçekten mi böyle? Yoksa buna da fotoğrafçının kendi görüşü karışmış mı?" Biliyoruz ki büyük sanat adamları kendi görüşlerini bize doğrudur diye kabul ettirenlerdir; öyle ise bize bir şeyin fotoğrafını gösterdiği zaman o şeyi tam olduğu gibi gösterdiğine inandıran fotoğrafçı bizi büyük bir sanat adamı olduğu için, salt onun için kandırmıyor mu? Ressam fırçasına, şair kalemine nasıl buyurursa fotoğrafçı da merceğe (*adeseye*) öylece buyurur.

— Ama mercek onun her buyurduğunu dinlemez.

— Fırça ressamının, kalem şairin her buyruğunu dinler mi sanıyorsunuz? Fotoğrafçı merceğin sınırlarını hesaba katmak zorunda olduğu gibi her sanat adamı da kendi araçlarının, ressamsa fırçanın, boyanın, şairse dilin sınırlarını hesaba katmak zorundadır. O sınırları aşmağa kalkarsa hiçbir şey yapamaz.

Ne de tuhaf halleri oluyor şu sanat adamlarının! çevrelerindekilerin hepsi kendilerine ille ilgi göstersin istiyorlar, gene de kalkıp onlara yukarıdan bakıyorlar. Yaratıcı olmıyanlar, sanat işlerine karışmamalıymış... Karıştınız mı, dudaklarını büküp sizin için: "Arkasında bir eseri olmadan güzellik âleminde dolaşan bu adam..." gibi bir şey diyiveriyorlar. Siz de o sözü bir okşama, belki bir övgü diye karşılıyacaksınız, yoksa hatırlarını kırmış olursunuz...

Eseri olmıyanların da güzellik alanında gezdiklerini görmeğe katlanamıyorlarsa, yazdıklarını bizlerin okumamızı yasak etsinler. Kolay o iş; kapalı bir toplum kurup öyle yaşasınlar, biribirleriyle düşüp kalksınlar, dünya görüşlerini ancak biribirlerine anlatıp o güzelim şiirlerini, romanlarını ancak biribirlerine okusunlar; bizlerden beğenme, alkış, bir şey beklemesinler. Hayır, öyle yapmıyacaklar: kitaplar bastıracaklar, dergiler çıkaracaklar, bizlerin gözleri önüne serecekler, bizlere de okutacaklar; ama bizler gene ağzımızı açıp ses çıkaramıyacağız. Bir şey dedik mi, hemen kafamıza indirecekler: "Sus! eserin yok senin..."

Oysaki güzellik alanı herkesin dolaşabileceği, herkesin dolaşması istenilecek bir yerdir. Güzelliği anlamak, o alanda dolaşmakla elde edilebilecek bir güçtür. Büğün eserleriyle övünenler de bir gün oraya elleri boş girmişlerdir, o güzelliklere yeni bir şey katmak dilekleri orada doğmuştur. Ama onların yapabildikleri sizin elinizden gelmiyormuş, gelmemesi sizin o gördüğünüz güzellikleri anlamadığınızı, onlar üzerine söz söylemeğe hakkınız olmadığını göstermez. O yaratıcıların da size yukarıdan bakmaları doğru değildir.

Yukarıdan bakarlarsa, kendilerinin eserleri olduğu için sizin susmanızı isterlerse, bilin ki o adamlar sanatlarını değil, ancak özlerini seviyorlardır; sanat alanında, kendilerinin dedikleri gibi "güzellik âleminde" yaşamaları, gözlerini gönüllerini hayran edecek şeyler görmek için değil, kendilerini beğenmeğe yeni yeni sebepler bulmak içindir. Gerçekten büyük yaratıcıların kimseyi küçümsedikleri, kimseye: "Senin eserin yok, karışma..." dedikleri olmaz; Shakespeare'e, Molière'e bakın, bizim tuluat oyuncularımız gibi: "Temaşakeran efendilerimiz" demekten çekinmezler, dolaştıkları güzellik alanına herkesi, bütün insanoğullarını çağırırlar. Onlarda, sevdikleri sanata hizmet etmenin verdiği sevinç vardır, bundan başka bir üstünlük aramazlar. Kendini beğenip çevresindekileri küçümseme, kendinde başkaca bir büyüklük olmadığını sezen kimsenin işidir. Acıyın öylesine.

27

Şiiri sevdiğim kadar bir şeyi sevmem... Roman, hikâye okumağa, kendilerini edebiyatçılığa kaptırmıyan kişilerin yazdıkları denemeleri okumağa da bayılırım; ama onlardan ne de olsa bıkılıyor. Bir romanı, isterse Stendhal'in olsun, üst üste kaç kere okuyabilirsiniz? Anlattıklarını öğrendiniz mi, elbette kapatacaksınız. Diyeceksiniz ki: "Kitabı kapattıktan sonra da bütün o kişiler içimizde yaşamıyor mu? Düşlerimize karışmıyor mu? Bir yere gider, bir kimse ile konuşurken onlar da birdenbire önümüze çıkmıyor, yanımıza gelivermiyorlar mı?" Doğrudur, romanlardaki, hikâyelerdeki kişilerin öyle bir canlılıkları vardır. Ancak roman kişilerinin, hikâye kişilerinin öyle kitabın dışında yaşayabilmeleri de bir romanda, bir hikâyede öz ile şeklin biribirine kaynaşmadığını, ikisinin biribirinden ayrılabildiğini gösterir. Mısrada, şiirde ise özü şekilden ayrı olarak düşünemeyiz... Düşünenler yoktur demiyorum, var; ama ben onların şiiri gerçekten sevdiklerine, anladıklarına inanamıyorum.

Şiirde öz ile şekil biribirinden ayrılamayacağı içindir ki, odamıza astığımız bir resme yıllarca bakmaktan bıkmadığımız gibi sevdiğimiz şiirleri, mısraları da boyuna söyliyebiliriz. Her söyleyişimizde de, bir dost yüzü gibi, bakmağa doyamayız.

Dün olduğu gibi bügün de yurdumuzda yaşlı, genç birçok şairler var. Yazık ki çoğu şiirde asıl bu erdemin aranması gerektiğini unutuyorlar. Şiirin, birtakım konular üzerinde söz söylemek olduğunu sanıyorlar. Bakıyorsunuz, duygularını, düşüncelerini anlatıyorlar, söylediklerinin size dokunduğu da oluyor, yüreklerinin çarptığını işitiyorsunuz; yahut hoşa gidecek benzetişler buluyorlar, gülümsüyorsunuz. Ama o çarpan yürek de, sizi gülümseten o benzetişler de kitapların içinde kalıyor. Ben asıl şiir diye kitaplardan çıkan, okuyanların bir daha dillerinden düşmiyecek kadar hayatlarına karışan, sözden kurulmuş şekillere derim. Bunun içindir ki şiirin konusuna da, eskisine yenisine de bakmam; konuların dışında, eskiliğin yeniliğin dışında, bir daha parçalanmıyacak bir söz bütünü olmuş, bir nesnenin varlığı gibi bir varlık edinmiş şiirler, mısralar ararım. Bir şiirin özü ile şeklini biribirinden ayırabildim mi, şeklinden ayrı olarak özünü, yahut özünden ayrı olarak şeklini düşünebildim mi, bence artık o bir şiir değildir; doğru, değerli bir söz olabilir, o başka, ama bir şiir değildir.

28

Farsçayı öğrenmediğime dövünür dururum. Bizim zamanımızda okullarda iyice gösterilmezdi ki! öğretmenlerimiz belki iyi bilirlerdi; belki o dili bize sevdirmeğe de çalışırlardı. Ama bizim Farsçaya inanımız kalmamıştı. Nasıl olsa kalkacağını seziyor, biliyorduk. Farsçadan sınıf dönülsün!.. Akıl alacak şey değildi o...

Sonradan, çok sonradan hevesim uyandı. Çalışıp Divan şairlerimizin dilini oldukça anlıyabildiğim için ona pek benziyen Farsçayı da kolayca, çabukça öğrenebileceğimi sandım. Ah! o kolay gözüken şeyler yok mu? İnsanı en çok onlar kırar işte!.. Farsçaya biraz çalıştım, öyle kolayca öğrenemiyeceğimi, öyle kolayca öğrenilebilecek bir dil olmadığını öğrendim. Büyük, zengin bir şiir bütün güzellikleriyle önümüze serilmiş; bizim şiirimizin yanı başında; şu çiti aşıverince o bahçeye gireceğinizi sanıyorsunuz. Ama gidiyor, gidiyor, çiti aşamıyorsunuz. İçinizde bir üzüntü daha beliriyor: Fars şiirini bilmeden bizim şiirimizi de tamamiyle anlıyamıyacağınızı, bütün tadına eremiyeceğinizi seziyorsunuz. Dil işi değil bu: Farsçayı öğrenmeden de bizim Divan şiirimizin dilini öğrenebilirsiniz; çünkü Divan şairlerimizin dili, Farsçadan yığınlarla kelime almıştır, gene de özü değişmemiş, Türkçe kalmıştır. Ama İran şairleriyle bizim Divan şairlerimiz arasında dünya görüşünde, şiir görüşünde bir birlik var ki Farsçayı öğrenmeden işte onu iyice anlıyamıyorsunuz. Hafız'ın, Nizami'nin gazellerine giremezseniz Baki'nin, Nedim'in mısralarının gizlerini çözemiyorsunuz... Bu yaştan sonra öğrenmek de elimden gelmez ki! öğrenebilsem bile içime işlemez, sonradan görmüşün malı gibi insanı gülünç ediverir.

Farsçayı öğrenemiyeceğimi bilirim; gene de anlıyabildiğim beyitleri bellemek hoşuma gidiyor. Bir yana Hafız divanını, bir yana da Abdülbaki Gölpınarlı'nın çevirisini açıyorum: Naci Efendi'nin lûgatı da el altında duruyor... Gene her beyti sökemiyorum; ama bir gazelde bir tek beyit anlasam o da yetiyor, büyük büyük zenginlikler edinmiş gibi oluyorum. Son günlerde bir de Fıransızca çeviri elime geçti; ama doğrusu o tuhaf bir şey! çevirici, M. Arthur Guy, Hafız'ın gazellerini Fıransızcaya aruzla, redifli beyitlerle çevirmeğe kalkmış. Birinci beyit şöyle bir şey olmuş: *"Hô là ô toi, l'échanson! Passe en rond la coupe et remplis-la: – L'amour parut d'abord très simple, mais bien tôt se compliqua."* Bu Fıransızca sözleri *mefâilün mefâilün mefâilün mefâilün* vezniyle okumağa kalkınca insanı bir gülmektir alıyor! ama çabuk bıkılmıyor, gülerek de okunuyor o kitap... Bir yandan Abdülbaki Gölpınarlı'nın çevirisiyle, bir yandan da anladığım kadar Hafız'ın gazelleriyle karşılaştırıyorum; doğrusu Hafız'ı biraz daha anlamama, belki de anladığımı sanıp kendimi avutmama yarıyor. O da yetmez mi sanki?

Hafız'ı okurken Türkçeden, Fıransızcadan bildiğim mısraları da düşünüyorum. Baki'nin *"Çık bağa temâşâ edegör âb-ı revânı – Seyreyle nedir sürat-i ömr-i güzerânı"* beytinin, Hafız'ın *"Binişin ber leb-i cûy u güzer-i ömr bibin – K-in işaret zi cihan-i güzerân mara bes"* beytinden alındığını bilirdim: Yahya Kemal'in: *"Bir cûy-i bahârın negamâtiyle dolar gûş – Dil farkına varmaz ki akan cûy-i zamandır"* beytini de onlara yaklaştırırdım. Belki Farsçayı bilmediğim içindir, Yahya Kemal'in beyti bana Hafız'ınkinden çok daha güzel geliyor...

Söylemek istediğim o değil; Hafız'da Baudelaire'in en güzel şiirlerinden birini andıran bir beyit buldum onu söyliyeceğim. "*Keşti nişestegânim ey bâdi şurta berhiz – Bâşed ki râz binim didâr-i âşinâra*", yâni "*Gemimiz öyle durmuş... Es, rüzgâr! kerem eyle: ola ki bildik bir yüz gözümüze görünsün*" beyti bana Baudelaire'in ölüme söylediklerini hatırlattı: "*O mort! Vieux capitaine! Il est temps, levons l'ancre! – Ce pays nous ennuie, ô mort! appareillons!*" yâni: "Ey ölüm! koca kaptan! vakıt erişti, demir al! – Sıkıldık bu ülkeden, ey ölüm! açılalım!" Farsça beyti de, Fıransızca mısraları da Türkçeye çevirdim, ama öyle şeyler nesirle anlatılabilir mi?.. Neyse! Hafız'ın dediği ile Baudelaire'in dediği bana bir gibi geliyor; hele Baudelaire'in ölüm gemisiyle gideceği yerde yenilik aradığı düşünülünce, "bildik yüz" ile, "*didâr-i aşinâ*" ile o "yenilik" arasında da, önce biribirinin karşıtı gibi gözükse bile, bir birlik seziliyor. Şiir, bir şeyi ayrı ayrı, biribirinden çok uzak yollardan da söyliyebilir.

Böyle mısra benzetmelerden açıldı, birini daha söyliyeyim. Baudelaire'in "Le Balcon"undaki *"je sais l'art d'évoquer les minutes heureuses"* mısraını ötedenberi çok severim; Sami'nin *"Gel söyleşelim cümle geçen demleri canâ"* mısraını da birkaç yıldır bilirdim; ama ikisinin de söylediğinin bir olduğunu büğünlerde anladım. Fıransızca mısraı, nesir olarak, şöyle çevirebiliriz: "Elimdedir uyarmak saadet demlerini." Ama gene söyliyeyim, o mısraların güzelliğini gösterebildiğimi hiç sanmıyorum.

Baudelaire'in mısraı ile Sami'nin mısraı arasındaki benzerliği şairlerimizden birine, Oktay Rifat'a söylemiştim: "Sami'ninki daha doğru!" dedi. Birdenbire şaşırdım, ne demek istediğini sonradan anladım: Sami'nin mısraında daha bir sahihlik, bir *authenticité* var; söylemek istediğini daha doğrudan doğruya söylüyor, Baudelaire ise, sıkıntı çekiyor demiyelim, sözü biraz karıştırıyor.

Başka başka dillerde söylenilmiş mısralar arasında anlam birliği, ses birliği aramak bilmem işe yarar bir şey midir? Hiç sanmıyorum; ama eğlenceli oluyor, insana o şiirleri daha çok sevdiriyor.

Üslûp. – Kaleminden çıkanı bir yol okumıyan bir iki yerini düzeltmiyen yazarı pek sevmem: kendini beğenmiş bir adamdır; yanılabileceğini aklına getirmiyor demektir. Öyle yazarların okurlarına da saygıları yoktur. Ama bir yazdıklarını bir daha, bir daha okuyan, bir türlü ellerinden bırakamıyan, boyuna düzeltmek istiyen yazarlardan da hoşlanmam. Yazdıklarını öyle uzun uzun çalışmakla güzelleştireceklerini sanırlar. Oysaki üslûp, kişinin ta kendisi olduğuna göre, sonradan düzeltilemez, güzelleştirilemez, kalemden nasıl çıktıysa öyle kalır.

Güzel yazmak için az yazdıklarını söyliyenlere de gülerim. Sonra da kalkar, Flaubert'i anarlar. Flaubert güzel yazmak için değil, çok yazamadığı için az yazmıştır. Fıransa'nın belki en büyük yazarı olan Voltaire çok yazmıştır; dili Flaubert'inkinden temiz, üslûbu onunkinden güzeldir. Üslûbu olan, güzel yazan kimse, komşusuna iki satırlık bir kâğıt yazarken de güzel yazar, kendini gösterir. Ama: "Biz güzel yazmak için az yazıyoruz" demek işlerine geliyor, karşılarındakileri aldattıklarını sanıyorlar.

Bir zamanlar oldukça tanınmış bir yazarımız vardı: "Ben *eser* yazıyorum, onun için az yazıyorum" derdi. *Eser*, onun dilinde güzel olan, ölmiyecek yazı demekti. Kendisi daha sağdır, çoktandır sustu, belki gene yazar; ama onun o pek övdüğü *eser*'lerini artık okuyan kalmadı.

"Üslûp" diyorum, ama hiç sevmiyorum bu kelimeyi. Hem dilimize uymuyor, hem de bir ukalâlık hatıra getiriyor. Yerine başka bir kelime bulamadım. Yakında o da çıkar gider dilimizden.

30

Baudelaire. – Fıransız şairi Baudelaire'i bir zamanlar çok severdim; gene de severim, ama doğrusu onun değerini gözümüzde pek büyüttük, pek şişirdik. Şimdi düşünüyorum, orta halli bir şair. La Fontaine'den, Hugo'dan, Verlaine'den üstün

tutulması değil, onlarla birlikte anılması bile haksızlık. "Şair göklerde uçar, yere inince yürümesini bile şaşırır, o yüce ülkelerin insanıdır" gibi bir söz büğün bizi kahkahalarla güldürüyor, söyliyene enayi diye bakıyoruz. Baudelaire'in "Albatros" şiiri başka nedir ki?
Ses ailes de géant l'empêchent de marcher...
Bu mısradaki ukalâlık insanı Baudelaire'in bütün şiirlerinden soğutuyor.

"En kötü şiirlerinden birinin en kötü mısraını alıp bir şairi batırmağa kalkıyorsun" diyecekler. Doğru, Baudelaire'in "La Chevelure" gibi "Le Jet d'eau" gibi, "Les Bijoux" gibi güzel şiirleri olduğunu da unutmuyorum; ama onları okurken de o söz, şairin göklerde yaşadığı sözü aklıma geliyor: "Böyle düşünen, böyle söyliyen adamda elbette bir bayağılık vardır, o bayağılık elbette her şiirinde kendini gösterir; demek ki bu sevdiğim şiirlerde de, ben göremesem bile, o bayağılıktan bir parça vardır" diyorum.

Baudelaire'i eskiden çok sevmeseydim, onu bize çok büyük bir şair diye göstermeselerdi, yeni şiirin ondan çıktığını ileri sürmeselerdi, o mısraa büğün belki o kadar sinirlenmezdim. "Ne olur? Her şiirde öyle bir tane, hattâ birçok bayağı söz bulunabilir; gene de güzel mısralarının değeri azalmaz" derdim. Ama Baudelaire yalnız orta halli, yahut iyice bir şair diye anılmıyor, çok ince, çok akıllı bir şair diye gösteriliyor. Hugo'da bir yığın zevksizlikler varmış, ama Baudelaire öyle değilmiş, zevksizliğe düşmezmiş... İşte düşüyor.

"Şair göklerde uçar, yere inince yürüyemez" sözüne kızışım, benim düşünceme uymadığı için değildir. Avni Bey'in: *"Şair o hümâdır ki iki âleme pinhan – Bir evc-i semâvîde hafiyü't-tayârândır"* beytine o kadar kızmıyorum. Baudelaire'inkinde bir pestenkeranilik var. Benim düşünceme uygun olmıyan sözleri de sevebilir; meselâ gene Baudelaire'in Güzellik'e: "Çizgilere yer değiştirten harekete kinim vardır" dedirtmesine kızmıyorum: o düşünceyi yanlış bulsam bile bulmuyorum: ötekinde, kelimenin en kötü anlamıyle, bir *şairanelik* var.

Zaten o Baudelaire, bize dedikleri gibi pek yüksek bir insan olsaydı, ötekini berikini şaşırtmağa kalkar mıydı? Şiirden anlamıyanlara yukarıdan bakmayı, onların söylediklerine aldırmamayı becerememiş, bir küçüklüğü var.

31

Dilimiz. – Şöyle akıllı uslu yazsam da fiili hep sonuna bıraksam cümlenin, olmuyor mu sanki? Zaten bir şeyimi beğenmezler, bu da kabahat olmuş, söz ediyorlar: yok Firenkçeye özeniyormuşum, yok Rumeli ağzı ile konuşuyormuşum, daha neler, neler...

İnat bu ya! uymıyacağım herkese. Ne yapalım? Ciddi adam olsam, beğenilecek ne şiirler, ne kitaplar çıkıyor, beğenmez miydim onları? Bunca zamandır yazı yazarım, Abdülhak Hâmit'in dâhi bir şair, adı lâzım değil, bir kadın yazarımızın büyük bir romancı olduğu gibi hakikatleri hiç duydunuz mu ağzımdan? Bir kere olsun: "Ben şunu yapmış bulunuyorum... O bunu etmiş bulunuyor" demedim, bilginlerimizin pek bir hoşlandıkları "dejenere" kelimesini kullanmadım. "Bulunmak" fiilinin söze bir ağırbaşlılık verdiğini anlamıyan, anlar gibi olsa da omuz silkip gülen bir insandan ne beklersiniz?..

Hayır Efendim, Firenkçeye özenmiyorum, özenseydim, ben de Firenkçe sözleri çevirir çevirir Türkçe diye yazardım. Hani gelir de elimden. Şimdi şuracığa bir: "Ve yapmadım" konduruvermek işten miydi yâni?.. Gelelim Rumeli ağzına. Rumelli değilim, İstanbul'da doğdum, İstanbul'da büyüdüm. Soyumu derseniz, bir yandan Karadenizlidir, bir yandan Maraşlı. Sordum, soruşturdum: dilim Rumelliye çalmazmış. Çalsa da ne çıkar? Asi boyundan, Dicle boyundan Vardar'a, Tuna'ya kadar her yerden olmak isterdim. Nabi gibi, Karacaoğlan gibi, Taşlıcalı Yahya Bey gibi konuşmak... Severim dillerini bu yurdun. Azınlıkların konuşmalariyle sizin gibi ben de eğlenirim, ama şöyle gelin de fıslıyayım kulağınıza: Rumun Türkçesine, Ermeninin Türkçesine de bayılırım. Ne de olsa alışıklık var, bu toprakta duya duya kulaklarımız dolmuş, aramam desem yalan olacak.

Doğrusu, Rumeli ağzına da özendiğim yok. Gene kızacaksınız ama Allahın bildiğini kuldan ne saklıyayım? Benim böyle yazışım, herkese benzemeğe özeniyorum da ondan... Bir yazı dili uydurmuşsunuz, kimse ayrılmasın ondan diyorsunuz. Tatsız, ölü bir dil. Ne yüreğin çarpmalarına uyuyor, ne de düşüncenin yürüyüşüne. Kokusu yok, rengi yok, sesi yok... Dili daracık sınırlar içine kapatmışsınız, züğürtleştirmiş, yoksullaştırmışsınız; sonra da istediğinizi söylemeğe yetmiyor diye hadi bakalım her dilden kelime almağa kalkıyorsunuz. Zengin dil, sözü bol olan dil değil, asıl nahvı kullanışlı olan dildir. Yunus'un çok mudur kullandığı sözler? Gene de neler anlatmamış!.. Çarşıya pazara çıkın da konuşan insanları bir dinleyin: sizin bir türlü adını bulup da söyliyemediğiniz neleri bakın diyiveriyorlar. Saz şairlerini, Divan şairlerini okuyun, sesin bir kıvrılmasiyle bütün bir duygu, düşünce dünyasını sezdiriverirler... Ama çarşıyı pazarı dolaşmaz, şairleri okumazsınız ki! dolaşsanız, okusanız da iyice bir dinlemezsiniz. "Biz aydınlar... Biz neler neler öğrenmiş bilginler..." diyip koltuklarınızı kabartır, kendi büyüklüğünüzden başka bir şey düşünmezsiniz.

Herkeslerin konuşmasına, şairlerimizin diline özeniyorum da onun için böyle yazıyorum. Başarabiliyor muyum, başaramıyor muyum, o ayrı bir iş. Ama bilmiş olun: sizin yazdığınız dil sessiz bir dildir, yalnız gözle okunsun diye dizilmiş kara kara birtakım işaretler, işte o kadar. Bir şey duyurmuyor insana. Bellediğinizi değil, düşündüğünüzü söyleyip de söylediğinizi kulağa duyurmak, kafalara, gönüllere duyurmak istiyorsanız, o daracık kalıpları bırakacaksınız, sesi yakalayıp satırlar arasına sindirmeğe çalışacaksınız, yoktur başka yolu. Dilimiz de o işe öyle bir elverişlidir ki!

32

Bir yerde gözüme ilişti: ünlü şairlerimizden birine bilmem hangi eseri nasıl bulduğunu sormuşlar: "Heyecan yaratmak... Bütün mânâsiyle hissetmek... Esrarlı bir gecenin sessizliği içinde zaman zaman parıldayan ve sönen yıldızlar... Ağrıyan ruh hâletleri... Üstatça şekle dökmek..." gibi sözlerle övüyor, göklere çıkarıyor... Yooo! övüyor da denemez, o lâkırdı yığınından bir şey anlaşılmıyor ki! daha doğrusu o eseri bilmediği, okumağa da niyeti olmadığı anlaşılıyor. Kendini zahmete sokmadan, birtakım şairce, parlak cümlelerle bir dostun hatırını hoş etmek istemiş, işte o kadar. Okusaydı, o eseri bilseydi, beğensin beğenmesin, övsün övmesin, onun özünü gösterecek bir iki söz söylerdi. Bilmemesine bir diyeceğim yok, ben de bilmiyorum, kimseyi bir eseri okumağa zorlıyamazsınız, dilerse okur, dilemezse okumaz. Ancak okumayınca onu yermesi de, övmesi de doğru olmaz. Okumadan yermesi, yahut övmesi, şairin deyimiyle söyliyelim, yokluğu "şekle dökmeğe" kalkmak olur. Yokluğa şekil verilemez; yokluk, en tantanalı şeklin altından da kendini gösterir, sırtarıverir.

Yazık ki okurların çoğu, hemen hepsi, bu çeşit sözlerle yetiniyorlar. Neden yetiniyorlar? Boş olduklarını anlamıyorlar mı bunların? Anlıyorlar, bunların bir düşünceyi, gerçek bir duyguyu göstermediğini seziyorlar, biliyorlar, ama bir şairden, bir edebiyatçıdan bir düşünceyi, gerçek bir duyguyu bildirmesini beklemiyorlar: "Güzel söylemiş, ona düşen de güzel söylemektir" deyip geçiyorlar. Kulaklarında Fuzuli'nin mısraı çınlıyor: "Aldanma ki şair sözü elbette yalandır". Bizim hangi şairimiz, hangi edebiyatçımız düşündüğünü, duyduğunu söylemiş ki büğünkü şairlerimizden edebiyatçılarımızdan öyle bir şey bekliyelim?

Biz, yüz yıldan beri edebiyatımızın bir devrim geçirdiğini, değiştiğini sanıyoruz: Divan edebiyatını bırakmışız da Batı âlemininkine benzer bir edebiyat kurmuşuz... Oysaki değişme ancak görünüştedir, edebiyatımızın kökü, özü değişmemiştir, edebiyat anlayışımız değişmemiştir. Batı âleminden birtakım kalıplar aldık, o kalıpların içine gene eski bildiğimizi döküp duruyoruz. Büğünkü şiirlerin çoğu, Divan gazellerinden, ancak dilce ayrıdır: gene o mehtap, gene o gül, gene o bülbül...

Batı âleminde görüp eleştirmeye, yâni tenkide de özendik, elimizden geldi mi? Hayır, ancak "takriz" yazmağı başarabildik, ya takriz, ya kötüleme... Yukarıda ünlü bir şairimiz söylemiş diye andığım sözler takrizden başka nedir ki? Onları okurken Avni Bey'in: "Üstad-i suhan Hazret-i Hakkî Beyefendi" mısraını duyar gibi olmuyor musunuz? Divan edebiyatı anlayışiyle bir eleştirme... Oysaki Divan edebiyatı anlayışiyle eleştirme olamaz. Eleştirme nedir? Bir eserin özelliklerini görmek, onları göstermek. Divan edebiyatı anlayışında ise bir eserin özelliği olamaz, her şair kendinden öncekilerin söyledikleri gibi kendinden sonrakilerin de söyliyecekleri birtakım mazmunları söyler durur. İyi söyler, yahut kötü söyler, ustadır, yahut acemidir, Divan edebiyatı anlayışında eleştirme ancak biçime değgin olmaktan ileri gidemez; bir Baki'nin, bir Nefi'nin, bir Naili'nin kişiliklerini, ne getirdiklerini, eskiye ne kattıklarını araştırmağa gidemezsiniz. Kişiliği yoktur Divan şairinin, yeni bir şey getirmez, eskiye bir şey katmaz. Duruk bir toplumun yetiştirdiği bir kişidir o, herkesin düşündüğünden başka bir şey düşünmez, düşünse dahi eserine koymaz, konuları belli bir şiir alanı vardır, ondan dışarı çıkamaz. Divan edebiyatı deyip duruyorum ya halk edebiyatı da ondan başka bir şey değildir, o da gene duruk bir toplumun ürünüdür. Her yeni eser ancak duruk olmıyan toplumlarda, bireylerinin herkesten başka bir şey düşünmesi yasak edilmemiş toplumlarda bir özellik taşıyabilir.

    Bu yazıma başlarken şairlerimize, edebiyatçılarımıza sözlerinden sorumlu olduklarını hatırlatmak istiyordum: "Böyle boş lâkırdılarla yetinmeyin, öveceksiniz de, yereceksiniz de elinize aldığınız eserin özelliklerini göstererek övün, yerin. Sözünüzün güzel olması yetmez, doğru olması gerektir" gibi öğütlere geçecektim. Boştur onlar da, boş sözdür. Biz, büğünkü kafamızla, şairin, edebiyatçının sözlerinden sorumlu olduğunu kavrıyamayız. Onu kavramamız için kafamızın değişmesi, edebiyat anlayışımızın değişmesi gerektir. Onu nasıl değiştireceğiz?

    Bir tek yol vardır: çocuklarımıza Yunancayı, Lâtinceyi öğretmek, onları Yunan, Lâtin yazarlarının eserleriyle yetiştirmek. Batı âleminin edebiyat anlayışını başka türlü edinemeyiz. Diyeceksiniz ki o dilleri öğrenmeden de o yazarların eserlerini okutabiliriz. Avrupalılar kendi dillerine çevirmişler, biz de onlardan çeviririz... Peki, ama bizim dilimiz onları çevirmeğe elverişli değildir ki! nasıl elverişli olabilir? Bizim dilimiz de eski şairlerimizin eseridir, duruk bir toplumun ürünüdür; Yunan, Lâtin eserlerindeki kelimelerin çoğunu karşılıyacak kelime bulsak dahi o kelimeler, bizim eski anlayışımızın verdikleri mânâları taşır. Siz büğün Fıransızca, İngilizce, Alamanca kitapları okurken gerçekten anladığımızı mı sanıyorsunuz? Anlıyoruz, kendimize göre anlıyoruz, onlardaki fikirleri Divan edebiyatı anlayışiyle yetişmiş bir kimse nasıl anlıyabilirse ancak öyle anlıyoruz. Çevirilerimizin birçoğunun yanlış olması bu yüzdendir; kelimeleri bilmediğimizden değil, bir Molière'i, bir Shakespeare'i, bir Goethe'yi, Fuzuli'yi, Baki'yi, yahut Cenap Şahabettin'i okur gibi okuduğumuzdan iyice anlıyamıyoruz. Kafamızı değiştirmek gerektir, onun değişmesi, Batı âleminin düşünüşüne, görüşüne ermemiz için çocuklarımızı, büğünkü Batı âleminin kökü, kaynağı olan Yunan, Lâtin eserleriyle yetiştirmemiz gerektir. Yoksa edebiyatımız bir yığın lâkırdı olmaktan kurtulamaz.

33

Yılın en uzun günlerindeyiz. Saat dört buçuğa varmadan göğü sarıveren aydınlık geç vakitlere dek sürüp gidecek, sular kararmak bilmiyecek... Erkenden uyanıp gözlerime, gönlüme taze ışık dolduruyorum. Hep aşkı, hep inançları, hep yurt sevgisini şakıyan şairler vardır; ben şair olsaydım ışığın verdiği hazları söyler, hep güneşe övgüler yazardım.

Yaz insanı dinlendirir. En ağır sıcaklarda, tenimize çöküp kımıldanmağa dilek komıyan sıcaklarda bile bir dinlendiricilik vardır. Dünya önümüze serili işte, yanı başımızda; görmek için, anlamak için neden çabalayım? Her şey bize yaklaşıyor, yaklaşıyor, bir gizlisi kalmıyor... Ama vermiyor kendini, gerçekten sokulmuyor. Yaklaşması bizi istediğinden değil, bize aldırmadığından, bizi bilmediğinden. Biz de bir şeyi kavramak hevesini duymuyoruz, gözlerimizi oradan oraya gezdiriyor da bir şeye bakmıyoruz. Bu yakınlık, bu yan yanalık içinde, her şeyin böyle biribirine karışmasında bir uzaklaşma var. Uzaklaşma duygusu değil, uzaklaşmanın ta kendisi. Asıl yakınlık anmada, düşünmededir. Kollarımızın sardığı değil, ancak düşünüşümüzün, kafamızın sardığı gerçekten bizim olabilir. Bizimle yaşayan, varlığını varlığımıza katan, varlığıyle varlığımızı zenginleştiren, bize kendini içimizden duyurandır. Yaz günleri, ışıklı yaz günleri, bize dünyayı açıveren yaz günleri ise bize bir şeyi düşündürmez, kendimizi de düşündürmez, bizi sadece yaşamak sevincine, kendi kendini sezemiyen o sevince salıp düşünmeyi durduruverir. Ancak haklarının kaygısında olan tenin türlü arzularını işletip ruhun dileklerini, yaratma gücümüzü sindirir.

Dinlendirmesi, benliğimizi, kendi kendisiyle yetinmeyip hep anlıyarak, kavrıyarak, zenginleşmek istiyen benliğimizi, bir türlü doyamıyan benliğimizi uyuttuğu içindir.

Nereden geliyor bu hırsımız? Renkleri, sesleri, kokuları ile önümüzde salınan bu dünya bize neden yetmiyor? Niçin bakmakla, dinlemekle, koklamakla kalmıyoruz da ille anlamak, her şeyi kendimize, sonra da biribirlerine bağlamak istiyoruz? Yaşamak, yalnız tenimizle, tenimizin iştihalariyle yaşamak az bir bahtiyarlık mı? İşte hayvanlar, işte bitkiler, işte büsbütün cansız sandığımız taşlar... Onlar da yaşıyor, başlarına bir de ruh derdi çıkarmadıkları için yaşamağı, her günün getirdiği zevki bizden daha iyi tadıyorlar. Biz ise duyularımızın bildirikleriyle kalamıyoruz; onlara inanmıyoruz, ışığın aldattığını, ışığın eşya üzerinde bir örtü olduğunu, eşya ile bizim aramızda bir perde olduğunu sanıyoruz. Işık kalkınca da memnun değiliz. Gene her şeyin, bizden kendini gizliyen, bize kendini sezdirmek istemiyen bir yanı olduğunu düşünüyoruz. Bilmek, anlamak için çırpınıyoruz; sonra da her bilgimizi, her anladığımızı yanlıştır diye çürütüyoruz. Öyle ki o bilmek, anlamak hevesi bir bilmemek, anlamamak hevesi oluyor. İçimizde sanki ne kadar uğraşsak, didinsek bilemiyeceğimizi, dışarıyı da kendi kendimizi de kavrıyamıyacağımızı bildiren bir ses var; "o melâle düşüyor", gene de durmadan o yolda koşuyoruz. Koşmak, durmadan koşmak, ama öyle bir koşmak ki ilerletmiyor, yer değiştirtmiyor. Kendi kendinde kalan bir hız...

Dışarısı aydınlık, her şey, her yer pırıl pırıl; bütün yüzler gözüküyor, sularda oynıyan ışık bizi sevince, hayranlığa çağırıyor. Ama bizim gözlerimiz o parıltıdan dönüyor, içimizdeki karanlıklara dikiliyor, asıl bildirecek olan, aldatmıyacak ışığı oradan bekliyor. Bunun içindir ki benliğimizi, bize bir tanrılık sanısı veren benliğimizi uzun yaz günlerinden çok, uzun kış gecelerinde duyarız. Dışarıdaki karanlıkla içimizdeki karanlığı biribirine düzenleyip de gerçek âlemin yerine düşler, düşünceler âlemini kurabildik mi, yaratıyoruz diye coşarız. Yaratırız, bizi avutan, esrikleştiren, ağulıyan birtakım yalanlar yaratırız. Adına şiir der, bilgi der, bilgelik der, bir yığın yalanlar uydururuz. Hemen hepsi kendimize kış gecelerinde anlattığımız, ışıklı günleri gibi karanlık geceleri de kararsız bu dünyada bizi oyalıyan masallardır. İnsan masal anlatmasını seven hayvandır. Uydurduğu yalanlara inanmaktan, kendi elleriyle kurduğu sıkılar altında ezilmekten de hoşlanır. Bunun içindir ki yaz günlerini sevdiğini ne kadar söylerse söylesin, kanmayın; gerçi sever, canlıların çoğu gibi o da sıcağı ister, ışığı ister; ama sıcağın, ışığın verdiği hazlara çocukça birer eğlence diye bakar, onlara saygısı yoktur. Asıl saydığı, asıl değerli bulduğu işler, kış gecelerinde düşündükleridir. Gözlerinin renklerle, kulaklarının seslerle avunamadığı o saatlarda yalnızlığını bin bir hayal ile kalabalıklaştırır, kendi buyruklarına uyduğu için daha düzenli sandığı bir âlem yaratır, olmıyan renkleri görüp olmıyan sesleri işiterek kendi kendine anlattığı masallar, teninin asıl dilediği yaz günlerine hasretin can sıkıntısı denilen acayip tanrının bizden kopardığı iniltilerdir. Şair: *"Mihneti kendiye zevk etmedir âlemde hüner"* demiş; insanoğlu o hüneri edinmiş, hem de belki pek çabuk edinmiştir. Bakın, can sıkıntısını ne güzel kullanmış, ne güzel işlemiş! *"Canım bahar kokuların yitirmiş!"* deyip üzülmesi gereken günlerde, ışıksızlıktan, soğuktan yakınması gereken günlerde o yakınma sebebi ile şiir, bilgi, bilgelik denilen masalları uydurmuş, medeniyet diye övündüğü hulya âlemini kurmuş.

Şair olsaydım ışığın verdiği hazları söyler, hep güneşe övgüler yazardım... Ama bir şair değilim, dışarıdan aldığım hazlarla kalamıyorum. Onların ne olduğunu anlamak istiyor, düşünüyor, onları yok edinceye kadar çözümlemeğe kalkıyorum. Budur işte insanoğlunun kaderi: önüne serili şeylerin güzelliğini gördüğü halde o güzellikle yetinmiyecek, o güzelliğin arkasında bir şeyler arıyacak, oyuncağını kıran çocuk gibi saadetini, yaşamak bahtiyarlığını yıkacak. Niçin ben de taşlara serilen kediler gibi, duvarlarda hayran hayran duran kertenkeleler gibi yaz günlerinin bütün tadını çıkaramıyorum? Yaz günlerini sevdiğimi söylemek isteyince de aklıma övgüler yazmak, duygularımı kâğıt üzerine dökmek hevesi geliyor... Niçin? İlle çabalamak, benliğimi göstereyim, dışarıdan aldıklarımı içimle yoğurup gene dışarıya vereyim diye didinmek mi gerek?

Yılın en uzun günlerindeyiz; yarın yaz mevsimi girecek, Hürmüz Ahrimen'e yenilecek, geceler yavaş yavaş uzamağa başlıyacak. Bütün bir kış özlediğim bahardan ancak birkaç hâtıra, daha şimdiden belirsizleşiveren birkaç hâtıra kalacak... Ben kendimi bu vefasız günlerin zevkine bırakacağıma, bir damlasını kaçırmaktan korkacağıma bir kış günündeymişim gibi oturmuş düşünüyorum. Kışa o kadar alışmışım ki yaz günlerinde bile kış âdetlerini bırakamıyorum. Naili Efendi'nin: *"Varakların gül-i ter döktü Naili cûya – Bahar mevsimidir kim bakar risâlelere"* beytini çok severim, söyler dururum; o beyitteki öğüde uysam ya!.. Ama climde mi? Zaten Naili de o verdiği öğüde uyabilmiş mi? "Risalelere" bakmayın diyor da niçin kendi o beyti söylüyor, o beyti bir yere yazıveriyor? O da benim gibi, o da bizim gibi; o da düşünmekten kendini alamıyor, kendini dünyanın verdiği hazlara bırakmıyor.

Yazın verdiği hazları söylemek değil, o hazları sadece tatmak; güneşe övgüler yazmak değil, benden övgü beklemeksizin nimetini üstüme saçan güneşte ısınmak isterdim. Ne olur kendimi de, günümü de, yılın en uzun günlerinde olduğumuzu da unutabilsem? Unutabilsem de, insanlar gibi değil, öteki canlılar gibi, bitkiler gibi düşüncesiz bir bahtiyarlığa dalabilsem ne olur?.. Alnımızın yazısı öyle: biz yazı değil, ışığı, sıcağı değil, ancak yazın, ışığın, sıcağın düşüncesini seviyoruz, bizim içimizde uyandırdığı duyguları seviyoruz.

En güzel yaz, kış gecelerinin karanlığında bütün çiçeklerini, kuşlarını bizim yarattığımız yaz değil midir?

Şu beş buçuk yıl içinde ateş sayısız insan öldürdü, sayısız insanı da evsiz barksız kodu. Dün birer güllük denilen yerlerde büğün ot bile bitmez olmuş. Tanrı acısını unutturmasın, açılan yaralar tez kapanmıyacak... Gene de bakıyorum; bazı kimseler var, harpten açıldı mı, güldürecek sözler söylemeğe, güldürecek resimler yapmağa bakıyorlar. Gülen de bulunuyor. Yürekleri nasıl götürüyor, anlamıyorum.

Kin, doğrusu, çirkin bir duygudur. Elimizden geldiği kadar kaçınmalıyız ondan. Ama kötülüğe uğramış, yurdunun çiğnendiğini, ocağının yıkıldığını görmüş bir insanın dişlerini kinle gıcırdatması, öç almak istemesi ayıplanmaz. Öyle acılar vardır ki çekeni kudurmuş kurda döndürür. Güzeli çirkini ayırt etmek akla vergidir; tutkuların kükrediği günlerde akıl sözünü dinletemez ki! insanoğlunun, yalnız düşmanından değil, düşüncesiz öğelerden bile öç almak istediği olur. Öyle zamanlarda ellerimizle gözlerimizi kapatmaktan, insanın ifritlerinden kurtulması için yakarmaktan başka yapılacak belki hiçbir şey yoktur. Kini sevmesem de anlıyorum.

Ama alay edenlerin, o kanlı dövüşe dışarıdan bakıp da eğlenmeğe kalkanların günahına bir özür bulamıyorum. Var onların da özrü: hayal yoksulu oldukları için alay ediyorlar, felâketin büyüklüğünü düşünemedikleri için gülüyorlar. Ateşin kendi etlerine değdiğini bir an hayal edebilseler onlar da ürperir, onlar da gülmeyi bırakırlar. Onlar için harp, milyonlarca ölü, yanıp yıkılan şehirler birer sözden başka bir şey değil: o sözlerin arkasındaki gerçeği duyamıyorlar. Anlayışsız oldukları için, duygusuz oldukları için gülebiliyorlar. Gülünecek bir söz söylediler, gülünecek bir resim yaptılar mı, akıllı olduklarını sanıp kuruluyorlar ama biraz akılları olsa hayalleri de işlerdi, yalnız sözler üzerinde değil, gerçekler üzerinde de işlerdi. Büğünkü fıkracının, karikatürcünün harp ile alay edebilmesi, akılsızlığından geliyor. Dünyanın uğradığı felâketi aklı almıyor.

Bir de harp şiirleri yazanlar var. Şiir insanların bütün duygularını söylediğine göre harp elbette şiire girer, şiirin konusu olabilir. Büğünkü insanlığın ateşten, demirden neler çektiğini söylemeliyiz. Bunu söylemek her insan gibi şairin de hakkıdır, boynunun borcudur. Ama benim anlatmak istediğim şairler öyle değil. Dergilerde siz de görüyorsunuz. Ankara'nın, yahut İstanbul'un bir kahvesinde, bir odasında oturup cıgarasını tüttüren bir delikanlı söylüyor: tanka binmiş de, pike uçağı ile inmiş de, düşmana saldırmış da, kurşunu yemiş de, daha bilmem neler... Onların yazdıkları şiirler de fıkracının nüktesinden, karikatürcünün karikatüründen farklı değildir. Harbi, lâf ebeliğine elverişli bir konu diye kullanıyorlar. Söylediklerinin gerçekte bir kökü yok, onlar da "karşılıksız çek" imzalıyorlar. İşin kolayını bulmuşlar.

    İnsan kendi girmediği bir savaşı düşünemez mi? O savaşın heyecanlarını, korkularını, kahramanlıklarını söyliyemez mi? Düşünebilir, söyliyebilir. Homeros Troia cengine gitmemiştir. Hugo Napoléon savaşlarında bulunmamıştır. Ama Homeros da, Hugo da harbin nasıl olduğunu anlattıklarını ileri sürmezler; onların istediği bizim içimizde destan, bir destan havası uyandırmaktır. Büğünküler ise harbin gerçekten anlattıkları gibi olduğunu sanalım istiyorlar. Herhangi birine sorun, niçin Troia destanını yazmıyor? Niçin Aksak Timur, yahut Bolivar savaşlarını anlatmıyor? Cevapları hazır: o savaşlar büğünün konuları değilmiş, büğünün şairi onların nasıl olduğunu iyice bilemez, iyice duyamazmış... Büğünkü savaşa giren, yaralanan, ölümden zorla kurtulan bir şair kalksa da duygularını, çektiklerini bir masal savaşı içinde anlatsa, uğrunda çarpıştığı ülküyü meselâ "Güzel Helene" diye anlatsa, yeni şairler: "Hayır, zamanımızın şiiri böyle olamaz. Hani bunun tankı uçağı?" diye alay etmiye kalkıyorlar. Son günlerde bazı Fıransız şairlerinin, Eluard'ın, Pierre Emmanuel'in, Aragon'un harp şiirlerini okuyoruz; o adamlar gidip cephede çarpışmış, üç yıl Fıransa'da çetelerde çalışmış, düşmana karşı koymak için ellerinden geleni esirgememiş adamlar. Onların şiirlerinde, bizim şairlerimizinkilerde olduğu kadar top, tank, uçak yok. İngilizler, Ruslar, Alamanlar da elbette bu harp üzerine birçok şiirler yazmışlardır; o dilleri bilmediğim için okumadım. Bilmem onlarda bu kadar top tüfek var mı?

1932'de mi, 33'te mi, öyle bir şeydi, İtalya'nın edebiyat buyrukçusu, yâni diktatörü F. T. Marinetti İstanbul'a gelmişti, bir konuşmasını dinledim. Böbürlene böbürlene birtakım şeyler söyledi, sonra da birkaç şiirini okudu. Bunların içinde, İtalyanca yazdığı bir "Edirne Savaşı" vardı: topları, makineli tüfekleri, Şükrü Paşa'nın telefonla emir vermesini, Bulgar erlerinin yanık yanık ırlamasını, hepsini anlatıyordu. Dinliyenler arasında İtalyanca bilen ya var, ya yoktu, ama hepimiz ne olduğunu anladık. Anladık da ürperdik mi? Biz Türkler kendi tarihimizden bir sayfa okunuyor diye coştuk mu? Yoo! hepimiz güldük. Oysaki orada çoğumuz Edirne savaşı günlerini hatırlıyan kimselerdik, Şükrü Paşa'nın adını umutla, övünçle söylediğimizi unutmamıştık. Marinetti'nin şiiri işlemedi bize, yalnız güldük, eğlendik; o şiirde top sesleri, tüfek sesleri vardı, ama savaşın özü yoktu. Şunu da söyliyeyim ki Marinetti o savaşı uzaktan duymamış, bir gazete muhabiri olarak Edirne'ye gitmiş, çarpışmaları kendi gözleriyle görmüş, kendi kulaklariyle duymuş. Öyle yazılmış bir şiirde bile savaş gerçek olarak duyulmazsa, şimdi bizim harbi uzaktan düşünerek yazacağımız şiirlerde istediğiniz kadar tank, uçak bulunsun, büğünkü harp bir gerçek olarak duyulur mu?

Öyle sanıyorum ki şairlerimizin bu işlere kalkışmaları, şurada burada okudukları duydukları sözleri iyice anlamamalarından geliyor. Şiir zamanı anlatmalı, zamanı söylemeli diye bir öğrenmişler. Eh! zamanımız da harp zamanı... Boyunlarının borcunu bilir birer insan oldukları için hemen harp konusunu ele alıyorlar. Birkaç da *Images, Victory, Signal* okuyup resimlerine baktılar mı harbin nasıl olduğunu yakından öğreniyorlar. Yazdıkları şiirin bu zamanı, bu zamanın meselelerini göstermesi için yetmez mi? *Gül ile Bülbül* bilmem kaçıncı yüzyılı, Şiraz bahçelerini anlatırmış, ona dokunamazlar, varsa top, yoksa top... Okuyup duyduklarını iyice anlasalar bile zamana uyacağız, zamanımızı söyliyeceğiz diye tepinmezler. İnsan ne yaparsa yapsın zamanından, içinde yaşadığı toplumdan çıkamaz. 1945 yılında Şiraz bahçelerini, ortaçağ sevdalarını, Troia destanını anlatan şair de gene 1945 yılını, hattâ 1945 yılında kendisinin bulunduğu toplumu söylemiş olur. Evet, her toplumun ileri, geri bireyleri (*fertleri*) vardır; ileri olanlar o toplumun asıl eğilimlerini daha kuvvetle duyup daha kuvvetle gösterirler; ama bunun için ille günün konularını işlemeleri gerekmez. Yenilik, zamanın asıl eğilimleri konularda değil, konuları görüştedir.

O adamlara "yeni şairlerimiz" diyemiyorum, onlar olsa olsa "yenici" şairlerdir. Ama yenilikle yenicilik bir değildir, bazan biribirinin büsbütün karşıtı bile olur. "Yenici", konularını ille yaşadığı günden almağa kalkan, ama o konuları eski bir kafa ile inceleyip söyliyen adamdır. "Yeni" adam ise kendisinin yeni olduğunu belki bilmez, herkeslere uymak ister; ancak kişiliğinde bir yenilik, bir ilerilik bulunduğu için zamanını herkeslerden daha iyi gösterir.

Bu "yenici", yahut "yenilikçi" şairlerde anlıyamadığım bir şey daha var. "Biz eskiyi istemiyoruz, eski konuları, eski çerçeveleri istemiyoruz. Geçmiş yüzyılların masalları, inanışları, insanları büğünün okurlarını ilgilendiremez. Her zamanın adamı ancak kendi zamanının güzelliklerini sever, kendi zamanının konularına ilgilenir" diyorlar. Öyle ise kendileri de çabucak eskiyeceklerdir; büğün dünden ne kadar başka ise yarın da büğünden elbette o kadar başka olacaktır. O halde yarının insanları da büğünkülerin yazdıklarına, maceralarına, inançlarına omuz silkeceklerdir. Öyle ise neden zahmet edip yazıyorlar.

Büğünkü harp de, Troia cengi gibi, Çaldıran cengi, Napoléon savaşları gibi ancak bir zamanın, şu on beş yılın insanlarını ilgilendirecek bir olaydır. Bunun acılarını, sevinçlerini, zaferlerini söylemenin ne yeri olur? Ok, mancınık gibi silâhlar nasıl eskimişse büğünün tankları, uçakları da eskiyebilir. Siz niçin ille büğünün meselelerini, yarın eskiyecek, belki kalmıyacak olan meseleler söylemek istiyorsunuz? Yazılarınız, şiirleriniz birer belge değerinde olsun da yarının insanlarına büğünü anlatsın diye mi? Ama kendiniz heyecanların eskidiğini, eskiyip değiştiğini, bir zaman insanlarının başka bir zaman insanlarına gerçekten ilgilenemiyeceklerini söylüyorsunuz. Öyle ise belgeler yazıp bırakmak zahmetine girmeseniz de olur?

Belki de söylediğiniz bu değildir. Belki şunu demek istiyorsunuz: "Bir çağın asıl meselelerini, duygularını söyliyen şair, o çağı gerçekten gösterdiği için kendisinden sonra gelecek insanları da ilgilendirebilir. Biz mancınık zamanında mancınığı anlatmış şairi kınamıyoruz: onun duyuları, duyguları gerçektir, sahihtir. Ama tank, uçak zamanında mancınığı anlatmağa kalkan şairin duyguları, duyuları yalandır, yâni içten gelmez; ancak öğrenmekle edinilmiştir. Biz de zamanımızın gerçek duyularını, duygularını söylersek yarın yaşıyabiliriz. Yarının adamı olarak değil, geçmişte gerçek bir zamanın gerçek bir adamı olarak yaşarız."

Demek istediğiniz bu ise size şu cevabı veririz: "Siz mancınık zamanında mancınığı anlatmış şairin şiirlerini okurken onda gerçek bir duyunun izlerini buluyorsunuz; kendiniz mancınık başında hiçbir şey duymuyorsunuz, ama onun duyduklarını seziyorsunuz. Demek ki sizin için o şiirlerde asıl olan mancınık değildir, duyudur, duygudur. Öyle ise büğünün adamı da duyularını, duygularını eski konular içinde sezdirmeğe kalkarsa tuttuğu yol neden yanlış olsun? Konu üzerinde duruyorsanız, geçmiş zamanlardan kalma eserlerin sizin için bir değeri olamaz, çünkü o meseleler sizin için anlaşılmaz birer meseledir. Yok konu üzerinde durmuyor da duyu, duygu üzerinde duruyorsanız, o zaman da konuya ancak bir kalıp diye bakacaksınız, bir insanın gerçek duyularını, duygularını istediği kalıba dökmesine ses çıkarmıyacaksınız. Yâni bir insanın eski tarihten, masallardan, gülden, bülbülden, mancınıktan açarak da büğünü, büğünün insanını söyliyebileceğine inanacaksınız."

Bana öyle geliyor ki onların demek istedikleri ne o, ne de bu. "Biz günümüzü söylüyoruz! biz zamanımızın insanını, zamanımızın meselelerini anlatıyoruz!" diye tepinmeleri işin kolayını aradıklarından: yeni olacaklar, ama yeniyi duyarak değil, yeniyi sezerek değil, sadece yeni şeyleri söyliyerek yeni olacaklar. Bu arada işin içine büğünkü harbin tank, uçak gibi araçları da karışacak... Elbette! Onlardan daha yeni ne var ki!.. Ama bilmiş olsunlar, yaptıkları, harbi, milyonlarca ölüyü öne sürerek kendilerine bir ün payı istemekten başka bir şey değildir. Fıkracılarınki gibi, karikatürcülerinki gibi onlarınki de dünyanın felâketi ile alay etmektir, o felâkete işlerine yarıyan herhangi bir konu diye bakmaktır.

Diyebilirsiniz ki ben de onlar gibi harbi bir edebiyat yazısına konu etmeğe kalkmışım... Öyle değildir, ben bu yazımda harbi anlatmıyorum, harbi bilmeden anlatmağa kalkanlara bizi de, kendilerini de kandırmaktan vazgeçmelerini söylüyorum. İçlerinde sevdiğim adamlar vardır, böyle kanlı işleri şakaya almaları gücüme gidiyor.

ARARKEN

"Okuruma Mektuplar" başlığı altında yer alan dört yazı (Karasevdalı Leylek, Yalnızlık, Gene Yalnızlık, Bahar), Ataç'ın ölümünden sonra Okuruma Mektuplar *adıyla yayımlanan kitabına alındığı için* Ararken'den *çıkarılmıştır.*

Ziya Yazıcıoğlu'na,
Suphi Aytimur'a

Gazetelerden siz kesmiş, siz toplamışsınız bu yazıları. Kitap sizindir.

N.A.

Kendi Kendime

Günler akıp geçiyor, ancak bilinçsizliğe (*şuursuzluğa*) vergi bir yavuzlukla, ne bulurlarsa hepsine kıyarak, hepsini sürükliyerek günler akıp geçiyor. Dağıttıklarının, öldürdüklerinin yerine, bizi eğliyecek, şaşırtacak yenilikler mi getiriyorlar? Nerde!.. Yarattıklarının hepsi de biribirine benziyor, hepsi de eşi biribirinin. Bu yıl ağaçlarda gördüğümüz yapraklar, bıldır güzün sarartıp da yollara serdiği yapraklardan başka mı? Gene onlar dirilmiş, durmaksızın akan aylar ötesinden onlar gelmiş olmasın?.. Böyle bir umut gönlümüzde belirsizce kımıldansa bile çabucak sönüverir: bizim o yaprakları çiğnediğimizi, toz toprak ettiğimizi, yok ettiğimizi unutmak elimizde midir? Evet, bu yaprak geçen yıl koparıp elimin ayasına döşediğim yaprağın eşi; bakıyorum da en ufak bir başkalık, bir ayrılık göremiyorum. Gene de kanmıyor içim: bu yaprağın başka bir yaprak olduğunu, geçen yılkinin çürüyüp gittiğini, onu bir daha göremiyeceğimi, giderilmez, avunmaz bir üzünçle ta derinlerden söylüyor.

Nedir bu değişmezlik içindeki geçicilik? Nedir bu durasızlık içindeki benzerlik? Gün doğunca gözlerimiz yöremizde bilmediğimiz neler belirdi diye bakıyor, umudu boşa çıkıyor. Dün beğenip, sevip de doyamadıklarını arıyor; bulsa, görse bile doyduğunu, bıktığını, gönlünün onları gerçekten aramadığını anlıyor. Geçen günler, akıp geçen günler çevremizdekileri de, içimizdekileri de soldurup çökertiyor, yıkıyor da yenisini kurmuyor yerine... Beklerdim gençliğimde, bu günlerin benzerlikleri içinden yepyeni, bambaşka yarınların doğmasını, doğup da bana kimini umduğum, kimini de ummadığım mutluluklar getirmesini beklerdim. O beklemelerde, gelmiyecek, doğmıyacak yarınları ummaktaymış yarının büyük tadı. Yıllar onu da komuyor elimizde: bekleme, umma gücümüzü yıpratıyor, söndürüyor; yaşamanın duralı güzellikler getirecek parıl parıl yarınlarla değil, hepsi de biribirlerine benziyen, hepsi de biribirinin güzelliklerini, kanıp da güzellik sandığımız gölgelerini öldürüp unutturan donuk, yoksul büğünlerle olduğunu öğretiyor. Ah o beklediğim, beklemenin düşler yaratan odu ile yandığım günler! şimdi bir yandan özlem, bir yandan da hınçla anıyorum sizi. Ne eşsiz, ne anlatılmaz bir tadınız vardı! yalanmış o tat, benim kendi kendime kurduğum bir düşmüş, gerçekte kökü olmıyan bir düşmüş. O düşle avutmuş, aldatmışsınız beni...

Yarınlardan umudunu kesince kişi, beklemenin boş olduğunu anlayınca arkaya dönüp dünlere sarılmak, dünlere tutunmak istiyor. "Varsın yarınlar olmasın! benim en tatlı umutlarla bezediğim dünlerim var ya, yeter bana onlar. Hepsini birer birer anıp yeniden yaşarım, sevinçleriyle gülüp acılarıyla ağlar, odlarıyla yanarım. Sevinçleri gibi acıları, odları da birer yalan, benim kendi kendime kurduğum birer düşmüş. Olsun! o düşlerle gene eğlerim gönlümü!" diyor. Diyor da dönüp baktı mı ürperiveriyor. Dünlerde de bulamıyor aradığını... Ey benim eski duygularım, eski düşüncelerim! neden böyle uzaksınız benden? Ey benim eski gözyaşlarım! sizin sıcaklığınızı neden gene duyamıyorum? Yanaklarımda bir iziniz olsun kalmamış... Koyup gitmişsiniz beni... Sizi tanımıyor değilim. Ey benim eski duygularım, düşüncelerim, gözyaşlarım! ey benim gönlümün eski yalanları! birer birer tanıyorum, birer birer biliyorum sizi, ancak, ne türlü söyliyeyim? İçeriden değil, dışarıdan tanıyorum sizi. Sizi biliyorum, biliyorum ya, nerede, ne türlü tanıştıktı, onu bilemiyorum. Artık siz ben değilsiniz, ben de siz değilim, yabancıyız biribirimize... Yoksa ben sizi eskiden ilgiyle okuyup sonra adını bile unuttuğum bir öyküden mi biliyorum? Etimde değilsiniz benim artık: ben şimdi sizi bensiz, kendimi de sizsiz düşünebiliyorum. Demek sizinle ben bir değilmişiz, sizsiz de bir ben olabilirmiş... Oysaki ben sizi varlığımın, benliğimin özü, ta kendisi sanmıştım. Size benimle, kendi etime de sizinle yoğurulmuş diye bakıyor, "Ayrılamazlar biribirinden!" diyordum. İşte, göz göze geliyoruz da biribirimize gülümsemeden, öfkelenmeden, omuz silkmeden geçebiliyoruz. Tanıyorum sizi, ancak ben değilmişsiniz gibi, benden büsbütün ayrı, benim dışımda bir varlıkmışsınız gibi bakıyorum size... Ey benim eski duygularım, düşüncelerim! ey benim eski gözyaşlarım! bir gün gelecek, ben size dışarıdan bakabileceğim, sizi böyle dilimize yabancı sözler katıştırmadan bitirmeğe çalıştığım bir yazının konusu edebileceğim deseler, inanır mıydım ben?

Yarın da yoktur, dün de yoktur: bir bitmiyen büğünün sınırları içine kapanmışız. Bizden büsbütün uzaklaşabilen, bize büsbütün yabancı olan bir dün, bizim düşümüz müdür? Ayaklarım altında çiğneyip toz toprak ettiğim, yok ettiğim yaprakla birlikte ben de ölüp gitmemiş miyim? Büğünkü beni dünkü ben sanıyorlar, ben de öyle sanıyorum. Doğrusu, biribirini andırıyor, biribirine benziyor ikisi. Ancak iyice bakın: o benzeyişler, andırışlar altında biribirinden ne denli uzak, biribirine ne denli yabancı olduklarını görürsünüz. Yarınımız da yoktur: öyle değişmiş olarak, benim etimden ayrılmıyacaklarını sandığım duygularımı, düşüncelerimi yitirmiş olarak vardığım yarın, gerçekten benim yarınım olabilir mi? O gün doğmuş, gene o gün ölecek, dün yaşamış olan kendisine biraz yakın, kendisinden büsbütün uzak bir kişininkilere benzer duygular, düşüncelerle kendini avutacak, bu durasız değişmezlik içinde çırpınıp ölecek bir kişinin yarınıdır o...

Günler akıp geçiyor... Belki de ancak bize öyle geliyor. Ayrı ayrı günler yoktur, bir bitmiyen büğün vardır ki hepimiz onun içine kapanır, onun içinde akar gideriz deseler, bilmem o da doğru olmaz mı?..

Kendi kendime kapandım, yalnız kendimi aradım da düşündüm bunları, düşündükçe de bunaldım. Doğrusu, kendi sınırlarımız içine, kendi benliğimizin karanlıkları içine sinmenin bir çekiciliği var: dünle yarını biribirine karıştırıp ikisinin de yokluğunu söyleten düşüncelere sürüklüyor kişiyi. Dünsüz, yarınsız, değişmez bir büğün içinde yaşama... Bilmem, ölümün ta kendisi değil mi bu?

Şiir mi Güç, Nesir mi?

Nesir güçtür şiirden, diye çok kimselerden işitmiş, çok kitaplarda okumuştum. Gene de inanamazdım. "Nasıl olur?" derdim içimden, "nasıl olur? Nesir yazan, düşündüklerini, duygularını, başından geçenleri, yahut hayal ettiklerini söyleyiverecek. Deyişine bir çekidüzen vermeğe özenecek elbette, dilinin pürüzsüz olmasına bakacak, kelimelerini seçip her birini cümlede tam yerine oturtmağa çalışacak. Onun da kendine göre kaygıları var, var ya, şairinkiler gibi mi? Şair de çeker o sıkıntıları, üstelik sözlerini vezne uyduracak, kafiye arıyacak, vezinsiz, kafiyesiz şiirler söylüyor diyelim, gene de bir ahenk yaratacak, hem de kuralların yardımını teptiği için yaratılması daha da çetinleşen bir ahenk. Hayır, olamaz, nesir şiirden güç olamaz" derdim.

Büğün de öyle düşünüyorum. Nesir az çok benim de elimden geldiği için midir nedir, kabul edemiyorum şiirden güç olduğunu. Hem, dikkat edin, nesrin şiirden güç olduğunu söyliyenlerin çoğu, hemen hemen hepsi, yalnız nesir yazan kimselerdir. Şiir söylemeğe uğraşmış, başaramamışlardır. Onu kötüliyecekler, hiç olmazsa, hafifsiyecekler, yetişemedikleri ciğere pis diyecekler ki koltuklarını kabartabilsinler. Kişioğlu övünmekten geçebilir mi hiç?

Ama büsbütün de yanlış mı onların dedikleri? Şiir söylemek, iyi şiir söylemek gerçi çok güç bir iştir; ben çok özendim, iyisini değil, şöyle orta hallisini bile söyliyemedim. Şiir güç ya, şair olmak, şair geçinmek o kadar değil. Şair duygusunun, düşüncesinin cılızlığını, bayağılığını vezinle, kafiyeyle, ahenkle örtebiliyor, şair olduğu için birçok kusurları bağışlanıyor. O kusurlar nesirde daha çok göze çarpıyor. Ben otursam da boyuna bülbülü, gülü anlatsam, çekilir mi? Şairler, nice yüzyıllardan beri hep onu söylüyor, gene de seve seve okuyanlar bulunuyor. Hele bir hikâyecinin anlattıkları başka bir hikâyecinin anlattıklarına benzesin, bir kıyamettir kopuyor, üşüşüyorlar zavallının üstüne. Şairlere neden çatmıyorlar? Nesir yazanınki çalmak da onlarınki çalmak değil mi?

Şairin okurlar gözünde, halk gözünde büyük, çok büyük bir yeri var. Bilirim, alay etmek âdettir şairlerle. Gene de inanmayın, alay edenler dahi şairde bir çeşit kutsallık bulunduğuna inanırlar, açıkça söylemezler, gene de inanırlar. Nesir yazana, hikâye yazana öyle bir saygı göstermezler. "Biraz sıksam kendimi, böyle şeyleri ben de yazarım" derler, ama şiir yazmak Tanrı vergisidir, herkesin harcı değildir. Bu inan yayılmıştır, çabuk çabuk söküp atamazsınız, nesir yazmanın da öyle bir vergi olduğuna inandıramazsınız. Okuldayken, nesir yazmağı size de öğretmişlerdir, şiir yazacaksınız diye zorladılar mı sizi? Şiir yazamıyorsunuz diye sınıf döndürmeğe kalktılar mı? Demek nesir yazmak herhangi bir kimsenin elinden gelebilirmiş, kendini biraz sıkması yetermiş, öyle ise hayran olunacak bir şey yok o işte. Şiirde ise var... Ne denli uğraşsanız boştur: nesir yazanın da şair kadar saygıya lâyık olduğuna kimseyi inandıramazsınız. İşte bunun için şairlerin, Tanrının özene bezene yarattığı o kimselerin kusurlarını hoş görürler de nesir yazanlarınkini bağışlamazlar.

Değiştirmedim ben düşüncemi: güçtür şiir söylemek, nesir yazmaktan çok güçtür. Şimdiye kadar yazdıklarım arasında benim de beğendiğim bir iki şey vardır, ama bir gün şöyle orta halli bir şiir söyliyebilsem, en beğendiğim, en sevdiğim yazılarımı veriverirdim onun uğruna. Güçtür şiir söylemek, ama ne türlü şiiri söylemek güçtür? Bir şair vardır, yıllardır, yüzyıllardır bilinen, alışılmış şeyleri tekrar eder durur, yaygın duyguları, yaygın düşünceleri alır, onları vezne uydurur. Güç değildir onun yaptığı. Kendimizi biraz sıkmakla elde edeceğimiz bir ustalıktan başka bir şey değildir. Saygım yoktur öyle şairlere. Neden olsun? Yaratıcı değil ki onlar. Birtakım kalıpları belliyorlar, birtakım şairâne denilen sözleri belliyorlar, şiir konularını belliyorlar, yazı yazıveriyorlar. Birer asalak onlar, çalışmadan, kendilerini yormadan şair geçinmeğe, şairlerin gördüğü itibardan kendilerine pay çıkarmağa kalkıyorlar. Ama şair de vardır, ötedenberi alışılmış sözleri ötedenberi alışılmış kalıplara dökmekle yetinmez, yeni yeni duygular, yeni yeni düşünceler getirir, yaygın olanları almaz, kendi bulduklarını yaymağa çalışır, kalıplarını kendi yaratır, kelimelerine kadar her şeyi kendi yaratır, Galip gibi: "Bir başka lisan tekellüm ettim" der, Hugo'nun Baudelaire için söylediği gibi: "Yeni bir ürperme getirir", işte o şairinki güçtür. Onda gerçekten bir Tanrı gücü vardır: yaratmıştır, yoktan var etmiştir, güzelliği sezilmiyen, bilinmiyen şeylerin güzelliklerini göstermiştir. İnsanlar onlara ne kadar saygı gösterseler yeridir; azıklarını, benliklerinin azıklarını çoğaltmıştır onların. Duygularımızı biz doğuştan mı getiririz sanırsınız? Şairler öğretir bize onları, gerçek şairler yaratır onları. Şairler olmasaydı, gerçek şairler olmasaydı, büğün bizim duygularımız da olmazdı, bülbül ötüşünün, güldeki kokunun güzelliğini de anlamazdık.

Ama azdır öyle şairler, binde bir gelir. Ötekiler de kendilerini öyle göstermeğe çalışırlar. Hani aslan derisine bürünen eşeğin masalı yok mu, onun gibi. Bundan yüzyıllarca önce gelmiş, adı bile unutulmuş büyük bir şair, gülün, bülbülün güzelliğini göstermiş, büğünkü şair onu söylemekle övünüyor. Şaşarım onun kendini beğenmesine, böbürlenmesine! gerçekten şairse, yaratsın, eskiden kalma ile, babalarından öğrendiği ile yetinmesin de kişioğlunun baba mirasına yeni bir güzellik katsın. Bir şair çıkmış: *"Sirkat-i şi'r edene kat'-i zeban lâzımdır"* demiş, ne duruyorlar? Gülle bülbül şiirini ısıtıp ısıtıp önümüze sürenlerin dillerini kesiversinler, bal gibi çalmak değil mi onlarınki de? Gülle bülbül şiirini ilk söyliyen, o güzelliği yaratmış, kişioğluna yeni bir duygu aşılamış, eskiye bağlı değilmiş o, gelenek diye direnmiyormuş, yenilik aramış, bulmuş. Büğün gülle bülbül şiirini söyliyenler ona benzedikleri mi sanıyorlar? Gülerim onlara! yeni değiller ki ona benzesinler! her büyük şair yenidir, yenilikler getirir, yeni biçimler yaratır, kendinden öncekilerin çizdikleri yoldan yürümez, kendi yeni bir yol açar.

Bakıyorum da büğünkü şairlerimizin çoğu, hep eskilerin, başkalarının gösterdikleri yoldan gidiyorlar, eskiden kalma duyguları, düşünceleri söylüyorlar. Birtakımının yeni gözükmelerine bakmayın, onlar da bundan on beş yıl öncekini taklit ediyorlar. Beş yüz yıl önceki eskidir de on beş yıl önceki eski değil midir? Bir şairin kendi yaratmadığı, başkasından öğrendiği her şey eskidir.

Çağımızı kötülemek, büğün gerçek şair eskisinden azdır demeğe getirmek için mi söylüyorum bunları? Hayır, günümüzde gerçek şair eskisinden ne daha çok, ne de daha azdır. Büğün de, kendi yarattıklarını değil, başkalarından öğrendiklerini söyliyen şairler dünkü kadardır. Her çağda çoğunluk onlardadır. Bunun için de bazı kimseler yalnız onlara bakmış, onları görmüş, nesir yazmanın şiir söylemekten daha güç olduğunu ileri sürmüşlerdir. İnanmayın onların dediklerine. Onlar da yalnız uydurma şairleri okumakla yetinip ona göre yargılıyan kimselerdir.

Beyitler Ararken

Hep bırakayım artık derim, olmuyor bir türlü, yoksa gerçekten istemiyor muyum kurtulmağı? İçime bir bilinmedik hasret işlemiştir de onu dindirsin diye midir nedir, boş bir vakıt buldum mu, – boş vakıttan da çok ne vardır bu dünyada? – boş bir vakıt buldum mu, eski şiirimizde beni saracak sözler ararım. Yüzyıllar arasından gözüküveren bir beyit, bir mısra güzelliğiyle, inceliğiyle, yahut acayipliğiyle oyalar bizi, avutur gönlümüzdeki perişanlığı. Gidermez üzüntümüzü, unutturmaz onu, ama bir dert ortağı olur, bir dost eli uzandığını sandırır... Pek de kapılmayın, bir de bakarsınız ki gam yükünü sizinkine katıvermiştir. Neşe, sevinç mi aranır şairlerde? Kendileri söylüyor: *"Eksik olmaz gamımız şöyle ki bizden gam alıp – Her gelen gamlı gider şâd gelip yanımıza".* Üstelik siz zaten yeis içindeyseniz...

Bu değildi diyeceğim, büsbütün başkaydı. Şairlerle düşüp kalkmaktan olacak, ben de kendimde birtakım onulmaz yaralar hayal edip onları söylemeğe özendim. Yarasız insan mı olur? Ama benimkiler o türlüsünden değil, şairlerin anlattıklarından değil. Kişi haddini bilmeli de kendine yakışacak sevdalara düşmeli. Ben de şairlikten umudumu keseyim de: *"Taklîd-i zâğ kebk-i hirâmânı güldürür"* dedirtmiyeyim okuyanlara.

Gene tutarağım tutmuş, *Nevâdirü'l-Âsâr*'ı karıştırıyordum. Pek sevmem o kitabı, bir yığın tatsız beyit vardır. Recaizâde Ahmet Cevdet Efendi onların nesini beğenmiş de defterine almış, anlaşılmaz... Anlaşılmaz derim ya, anlarım. Adamcağız güzel beyitler toplamak istemiş, divanları, kendisinden önce gelenlerin bıraktıkları mecmuaları okumuş, şundan bundan duyduklarını da bir yere yazmış. Belki ilk düşüncesi bunların en iyilerini, gerçekten güzel olanlarını seçmekti, ama sonra işin içinden çıkamamış. Hani "Şuna değdi, buna değmedi" diye bir hikâye vardır, onun gibi, sonunda hepsini de beğenivermiş. Ben de bir güldeste yapmağa kalkarsam, öyle sanıyorum ki benim başıma gelecek de odur. Kimse kurtulamaz bundan. Bakın, Monsieur Gide'in Fıransızca güldestesine, onda bile ne lüzumsuz şiirler var. Başka türlü olur mu? Bir kere kişiden kişiye zevk değişir, sizin hoşlandığınızı ben beğenmem. Bundan başka hepimizin içimizde bir korku vardır: sadece üç beş şiir, bir iki yüz beyitle yetindik mi adımızı bir şey beğenmiyora çıkartırız. Bütün bunlar bir araya gelir, bir de kimsenin bilmediğini, dikkat etmediğini tanıtıp sevdirmek hevesi belirir, güldeste büyüdükçe büyür, *Harâbât* gibi, *Nevâdirü'l-Âsâr* gibi, *Müntehabât-i Mîr Nazif* gibi tatsızlıklarla dolu bir kitap oluverir. Benden size öğüt, neye özenirseniz özenin, güldeste yapmağa özenmeyin, yıllar geçer, yüzyıllar geçer, ondan başka ne yapmışsanız hepsi unutulur, sizden bu yeryüzünde iz olarak bir o kalır, birinin eline geçti mi damgayı yersiniz: "Amma da zevksiz adammış!" Babamın bir *İktitaf*'ı vardır, birinin hatırına gelecek diye ödüm kopuyor, ben bile dayanamıyorum, kızıyorum o kitaba.

Kaçırdım gene ipin ucunu, bir türlü konuya giremiyorum. Şuydu diyeceğim. Ne olur ne olmaz, belki gözüme çarpmamış güzel bir beyit bulurum diye *Nevâdirü'l-Âsâr*'ı karıştırıyordum. Veysi'nin bir beytine takıldım. Gerçekten Veysi'nin midir, orası da bilinmez; Recaizâde Ahmet Cevdet Efendi Veysi'nin der de bakarsınız büsbütün başka bir şairindir. Mübarek kitap! insanın şüphelerini gidermeğe dahi yaramaz! neyse! biz de Veysi'nin diyelim, şu beyit: *"Şimdi fikrim visâl-i dilberdir – Dil-i âşık olur muhâl-endîş"*.

Recaizâde Ahmet Cevdet Efendi bu beyti alıyor da Fuzuli'nin gene bu mânâdaki, daha doğrusu bu mazmundaki: *"Ben gedâ sen şâha yâr olmak yok ammâ neyleyim? – Ârzû sergeşte-i fikr-i muhâl eyler beni"* beytini beğenmemiş, almıyor. Kalkın da siz güvenin onun zevkine!.. Yukarıda Şeyhülislâm Yahya'nın mısrainı anmıştım: *"Taklîd-i zâğ kebk-i hirâmânı güldürür".* Ahmet Cevdet Efendi karganın kekliğe benzemek istemesine gülmüyor, o kadar da değil, asıl karganın gidişini, yürüyüşünü beğeniyor, kekliğe bakmıyor. Ben de severim kargayı, şirin hayvandır, insanın yüzüne bakar da bir: "Gak!" der, eski beyitler gibi size dert ortağı olmağa gelmiş sanırsınız. Öyle kekliğe mekliğe benzemeğe de özenmez. O başka. Ama karganın da kendine göre güzelliği bulunur diyip Fuzuli'nin yerine Veysi'yi anmanın yeri yok.

Bir tek işe yarıyabilir Veysi'nin beyti: bize şiirin mânâda olmadığını gösteriyor. Mânâsı, Fuzuli'nin beytindeki mânâ, belki ondan daha da derlitoplu söylenilmiş, ama şiir değil, şiirde aradığımız güzellik yok onda. Şimdiye kadar ben, şiirin mânâda olmadığını anlatmak için Galip'in: *"Daha ziyadesine yok tahammülü bezmin – Mey ola, mutrib ola, tut ki bir de dilber ola"* beyti ile Nedim'in: *"Ben olsam, mutrib olsa, bir kenâr-ı cûy-bâr olsa – Hoş imdi bir de farzâ bir civân-ı şîvekâr olsa"* beytini anardım. Bundan sonra Veysi'nin beytini de Fuzuli'ninkiyle karşılaştırayım... Gene de anlamazlar, ben Galip'in beytini Nedim'inkinden daha güzel bulanları da gördüm. Veysi'ninkini neye beğenmesinler?

Merak etmeyin, Veysi'nin o ecişbücüş beytine takılıp kalmıyacağım. Unutalım onu, unutalım da güzel beyitlere geçelim. Güzel bir beyit buldum, size onu söyliyeceğim. *Nevâdirü'l-Âsâr*'dan değil, orada yok, *Harâbât*'a baktım, Ziya Paşa da almamış. İyice taramazlar ki divanları, şöyle bir göz gezdirip geçerler. Ayıplanmaz da. Kolay mı divanları baştan aşağı okumak? Öylesi vardır ki yalnız şiirden değil, insanoğlundan, yaşamaktan soğutur. Ben de gelemem o işe. Biliyorsunuz, bu son günlerde Muhibbi divanını karıştırıyorum, gözüme ilişiverdi. Gazelin dört beyti daha var, tatsız mı tatsız! ama o, o biricik beyit, bence Türkçenin, bizim divan şiirimizin en güzel beyitlerinden biri: *"Dönülmez, ben reh-i aşka yöneldim – Duâ-yi hayr kılsın bana yârân".*

Ürperiverdim bunu okuyunca, "Aşk insanın başına türlü belâlar getirir" diye çok söylenmiştir. Hele Baki'nin bu mazmunda bir beyti vardır, o da çok güzeldir: *"Bakiya! hangi gönül şehrine gelse şeh-i aşk – Bile endûh u belâ hayl ü haşem gibi gelir".*

Ama Muhibbi'ninki yanında bu da sönük kalıyor. Muhibbi'nin beyti, aşkta türlü belâlar olduğunu belki açıkça söylemediği için, sadece "dönülmez" demekle, dostlarından hayır duası istemekle bize bunu sezdirdiği için bizi ürpertiyor. Dönülmez... Bu söz sanki Kader'i, Alın Yazısı'nı dikiyor gözlerinizin önüne, Yunanlıların Ananke'si. Sonra Muhibbi'yi, Sultan Süleyman'ı düşünüyorsunuz. Onun aşkına, Rokselan kızına tutulmasına ne güzel yakışıyor! o uğurda felâketlere sürükleneceğini, elini kana bulaştıracağını önceden seziyor. Kendi de bir yılgı içinde. Dört yanından çevrilmiş bir karaca gibi perişan, bağıramıyor da, sadece: *"Duâ-yı hayr kılsın bana yârân"* diye yalvarıyor. Bir hakan olduğu için daha da bahtsız. Gerçi aşkın önünde hakan ile kul birdir; Baki, *"Der-i dergâhına sultân-ı aşkın serfürû eyler – Emîr-i tâcdâr olsun, gedâ-yi hâksâr olsun"* der, o da söylüyor: *"Kim ki âşıktır, Muhibbi, âstân-i yârda – Pâdişâh-i dehr ise kendüyi çâker gösterir"*. Ama bu yalnız sevgiliye karşıdır. Kul, kendi çeker; hakan, elinden her şey geldiği için, yanındakilere de çektirir; Süleyman çocuklarına da çektireceğini anlıyor. Yoksa aşkın getireceği dertleri, belâları bir zevk de sayabilirdi. Yavuzluk edeceğini bilmiş, onun için sanki af diliyor... Belki böyle değil, ama ben bütün bunları görüyorum, duyuyorum o beyitte. Şair ne söylemek istemiş? Ona neden bağlanayım da beyit daha neler söylüyor, onu araştırmıyayım? Siz belki Haşim'in: *"Bir eldir ufuklardan uzanmış – Zulmet bizi çekmekte visâle"* demesini de hatırlarsınız. Ama onun mânası büsbütün başka. Haşim aşkın başlangıcından değil, sonra kendisinin de unutuvereceğinden yakınıyor.

    Böyle beyitlerle doldurdum yazımı da kendiliğimden bir şey söylemedim. Daha iyi değil mi? Ne yapacaksınız benim sözlerimi? Okuyun o beyitleri, düşünün onların üzerinde, dalın. Benim karmakarışık, saçmasapan söylediklerimi unutun da yalnız onları saklayın. Veysi'nin beğenmediğim beyti yok mu? O bile benim bütün dediklerimden, diyeceklerimden üstündür, ne de olsa bir şair söylemiş onu.

Samimilik

Samimilik demiyorlar mı, büyük bir söz ettiklerini, her işi ta kökünden çözümleyiverdiklerini sanıyorlar. Samimi olmak kolaymış gibi. Öyle ya, aklınıza geleni, daha doğrusu ağzınıza geleni söyleyi söyleyiverirsiniz, olur biter. İçinizden öyle doğmuş. Ya sizin içinizden saçmasapan şeyler doğuyorsa, karşınızdakinin onurunu kıracak sözler söylemek doğuyorsa, samimidir diye onları da mı beğenecek, onları da mı alkışlıyacağız?

İkide bir samimiliği öne sürmek, kendini beğenmişlere vergidir. "Ben alçakgönüllüyüm, ben mütevazıyım" demek gibi. Alçakgönüllü, mütevazı olduğunu söyliyen adamın düşüncesi nedir? "Bendeki bu değerle, bu üstünlüklerle ben gözlerimi çok yukarılara dikebilirim ya, yapmıyorum, şanıma lâyık olanı aramıyorum da azla yetiniyorum." Budur onun dilinin altındaki. Samimi olduğunu söyliyen de: "Bilseniz neyim ben! söze bir giriştim mi, kendimi sıkmağa hacet yok, inciler, hikmetler dökülür. Güzellikler yaratmam için kendimi bırakıvereyim, yeter!" Hayır, Efendim, yetmez, sıkıverin biraz kendinizi, dedikleriniz karşınızdakilere yarıyacak mı, onu düşünün.

Toplum hayatında kişiler biribirlerinden samimilik beklemezler, terbiye beklerler, nezaket beklerler, birtakım kurallara uyulmasını isterler. Müraîlik edeceksiniz, düşünmediğinizi, inanmadığınızı söyliyeceksiniz demiyorum, ama aklınıza geleni şöyle iyice bir tartmadan söylemeğe hakkınız yoktur. Yeryüzünde bir başınıza değilsiniz, başkalarının zevkini, hatırını da gözetmeniz gerektir.

Bir gün bir mektup almıştım, okurlarımdan biri benim yazılarımdaki samimiliği beğendiğini bildiriyordu. Sövülmüşüm gibi betime gitti: "Acaba başka bir değeri yok mu benim yazılarımın? Bu okurum benim yazdıklarımda kendi işine yarıyacak, hoşuna gidecek hiçbir şey bulamamış da onu söylemek mi istiyor?" diye içlendim durdum. Samimilik arkasından koşanlardan değilim ben, kendimce önemli bulduğum birtakım işler üzerinde düşünürüm, düşündüklerimi de karşımdakilere açıkça anlatmağa özenirim. Doğruyu bulabilir miyim? Ne demek istediğimi anlatabilir miyim? Bilmem orasını, bilemediğim için, içime bir güven gelmediği için de üzülürüm. Böyle konuşma diliyle yazmağa çalışmam samimilik için değildir, düşündüklerimizi karşımızdakilere bildirmek için Türkçede en iyi yolun bu olduğuna inanırım da onun için böyle yazarım. İnsan işini, sevdiği, saydığı işini içinden doğana bırakır mı? Ben de işim üzerine, yâni yazarlık üzerine haylı düşündüm, türlü yolları denedim, büğünkü deyişimi uğraşarak kurdum. Bunu övünmek için de söylemiyorum, yalnız kendimi yaradılışıma bırakmadığımın, yazarlığı küçümsemeyip onun gereklerine uymağa çalıştığımın bilinmesini isterim.

    Samimiliği yermeğe, kötülemeğe mi kalkıyorum? Hayır, bilirim onun büyük bir değer olduğunu. Ama nedir samimilik? uluorta konuşmak mıdır? Değildir. Samimilik bence bir insanın bir iş üzerine iyice düşündükten sonra, canı pahasına da olsa savunmağı göze alarak ortaya çıkardığı kanısıdır. Değme babayiğidin harcı değildir bu. Doğruyu arıyacaksınız, menfaatlerinizi, hattâ duygularınızı aşacaksınız, toplumun size aşıladığı önyargılardan silkineceksiniz, şu şöyle dermiş, bu böyle dermiş, aldırmıyacaksınız, doğruyu bulduğunuza da içinize güven gelecek, o zaman söyliyeceksiniz. Ancak en büyüklerin erebildikleri bir haldir bu. André Gide'i samimiliği için överler, anlarım onu, hayatını bitmez bir savaş içinde geçirdi, kendi kendisiyle dahi çarpıştı. İnanacağı, gerçekten inanacağı hakikati uzun uzun aradı, o uğurda ötekinden berikinden ağır söz işitti, ondan da yılmadı, arkadaşlarından, dostlarından ayrıldı. Samimilik onun için aklına geleni, içinden doğanı yazmak değildi, uğraşarak, didinerek varılacak bir erek idi. Kitaplarını okuyanların çoğu onda bir yapmacık görürler, anlıyamazlar. Elbette, samimiliği anlamak da kolay değildir. Karşınızdaki adam: "Ah! kardeşim! ah! iki gözüm!" diye size sarılı sarılıvermiyor, bir dediğini beğenmeyip boyuna düzeltmeğe kendini bırakıvermiyor: "Ben sanata özenmedim, gönlümden koptuğu gibi söyledim gitti" demiyor, tam tersine, sanata özendiğini açıkça söylüyor, inanır mısınız onun samimiliğine? Ama bilin ki asıl samimilik, bir değer olan tek samimilik odur, ondan başkası kendini beğenmektir, lâübaliliktir.

Bizim edebiyatımız bu samimilikten çok çekti, hâlâ çekiyor. Bakıyorsunuz, bir delikanlı ağzını yaya yaya birtakım şiirler söylüyor, akşamüstleri canı rakı içmek istermiş, yahut şıpıtık terlikle suya giden kıza gönlü akmış, onu anlatıyor: "Bu da ne böyle?" diye sordunuz mu cevap hazır: "Samimilik!.." Fuzuli, Baki uğraşa uğraşa yazarlarmış, birtakım kurallara boyun eğerlermiş, toplumun ileri gelenlerinin saygısını kazanmağa çalışırlarmış, onlarınki samimilik değil, mürailik... Sanıyorlar ki insan samimiliği doğuştan getirir. Yağma yok! çetin bir yoldur ona götüren yol, bütün büyüklüklere götüren yollar gibi çetindir, kendinizi büyük görürseniz, ne kadar büyük olursanız olun, ereğe göre gene küçük olduğunuzu anlamazsanız, ona eremezsiniz. Samimilik, lâübaililiğin, yarenliğin ayıp olduğunu içinize sindirdikten sonra başlar. O zaman kendinize gelirsiniz: "Yahu! çevremde adamlar var benim, ben kendimi onlara beğendirmeğe, dediklerimi onlara kabul ettirmeğe özeniyorum, demek ki doğru dürüst düşünmeğe çalışayım, yalnız beni değil, onları da ilgilendirecek şeylerden konuşayım, deyişime bir çekidüzen vereyim" dersiniz, içinizde gerçekten bir cevher varsa siz de birtakım hakikatler bulur, samimiliğe erersiniz.

Yağmur

Adını "İstanbul Mektubu" koyacaktım bu yazımın, sonra düşündüm, beğenmedim, İstanbul'u mu anlatacağım ben? Bana mı düşmüş İstanbul'u anlatmak? Siz onu şairlerden dinleyin: güzelliklerini, eğlencelerini, cana can katmasını söyliye söyliye bitiremiyorlar. Doğrusu, ben pek göremiyorum o güzellikleri, ama inanırım, neme lâzım! şairlerle tartışmaya mı girişeceğim? Söz ebesi onlar, başa çıkabilir miyim?

Başka tehlikesi de vardır İstanbul'u yermenin. Şairlerden geçtim, Muallimler Birliği de kızıverir. Ne olur benim halim o zaman? Görmediniz mi? Yazarlarımızdan biri, Yahya Kemal Bey'in şiirlerinden hoşlanmadığını söyliyecek oldu, sen misin efendim böyle dil uzatan! "Telin mitingleri", yâni sizin, benim anlıyacağımız, "ilenme toplantıları" yapıp adamcağızın burnundan getirmeğe kalktılar. Bana da bulaşırlar. Hayır, İstanbul'dan açmıyacağım, bu şehrin dillere destan güzelliklerini de, hepsi biribirinden üstün aydınlarını da anlamadığımı söyliyecek değilim.

Üç gündür yağmur yağıyor, ben ondan yakınacağım. Yahya Kemal Bey "millî kıymet"tir, İstanbul "millî kıymet"tir, yağmuru da "millî kıymet" sayamazlar ya! Ben de çekinmeden söylerim onu sevmediğimi.

Bir yağmur, efendim, sormayın! Öyle bardaklardan, testilerden boşanırcasına değil, kazanlardan, sahrınçlardan boşanırcasına bir yağmur. Hızlı yağmasına bakıyorsunuz da: "Eh, yaz yağmurudur, şimdi başlar, şimdi geçer!" diyorsunuz. O sizin dediğiniz eski zaman yağmurları, bizim çocukluğumuzda, gençliğimizde yağardı, şimdikiler öyle değil, bir tutturdu mu, Allah vermesin! dinmek, dinlenmek nedir bilmiyor. Geceli gündüzlü yağıyor. Siz çıkıp gezecekmişsiniz, aldırmıyor hiç, inadına yağıyor, umut kesercesine yağıyor. Bir kedi vardı, benim odanın önündeki büyük balkona tırmanır, pencereye otururdu. Sabahleyin gözlerimi açıp da onu görünce pek sevinirdim, aramızda bir ahbaplık başlamıştı üç gündür o da gelemiyor; kim bilir nerelere sığındı?

Yağmuru sevmem de sıcakları mı severim? Hayır, o da değil. Ama, a efendim! ille ya bunaltıcı bir sıcak, ya bunaltıcı bir yağmur mu olmalı? İkisinin ortası yok mu bunun? Ilık bir hava, hani "limonata gibi esiyor" derler, öylesine bir rüzgâr, Fuzuli'nin *"Sabâ! kûyunda dildârın nedir üftâdeler hâli? – Bizim yerden gelirsin, bir haber ver âşinâlardan!"* beytini hatırlatır da, oh! ışıklandırıverir insanın içini. Bu yağmurlar, sinsi sinsi sanki derinin altına giren bu nemli soğuk, beyitler anmağa da mecal bırakmıyor. Küskününüzü dikip kapalı odalarda oturuyorsunuz. Rahat rahat oturmak olsa, ona da peki! bir de bakıyorsunuz ki şıp! şıp! odanın ortasına akmağa başlıyor. Leğen bulacaksınız, bez getireceksiniz, evin içinde bir didinme, bir hargür! biliriz, atalarımız söylememiş olsalardı bile, bu yaşa geldik, biz de kendi kendimize bulurduk: *"Lâ rahâte fiddünya!"* Ama bu kadarı da çekilmiyor, saçımızın sakalımızın ağardığını unutturuyor da dırlandırıp günaha sokuyor.

Nedense bu yağmurlarda hep Yahya Kemal Bey'in mısraları geliyor aklıma, sırası değil ya, benimle eğleniyor gibi hep onlar kurcalıyor zihnimi: *"İstanbul'un öyledir baharı, – Bir aşk oluverdi âşinâlık! – Aylarca hayâl içinde kaldık. – Zannımca Erenköyü'nde artık – Görmez felek öyle bir baharı!"*

Büğün erken uyanmıştım, ben de ona benzer mısralar söylemek istedim: "Yağmurları böyledir bu şehrin!" diye başladım, sonrası gelmedi, bir de: "Günlerce sular içinde kaldık" mısraını buldum. Ne yapayım? Şair değilim, bundan sonra da olamam. Nesir ne güne duruyor? Ben de nesirle söylerim: "Böyledir İstanbul'un yağmurları; sokaklar, caddeler birer ırmak oldu sanki. Saatlarca kahvelerde, saçak altlarında kaldık.

Bilirim, bu yıla vergi değil, felek daha çok görür İstanbul'da böyle yaz yağmurlarını."

Hiç unutmam, 1940 yılında İstanbul gene böyle yağmur diye tutturmuştu. Ama o yıl daha çok sessiz, gürültüsüz, mızmız yağmurlar yılıydı. Bütün bir ağustosu öyle geçirmiştik. Yağ babam yağ! gece yağ, gündüz yağ! ben şimdiki gibi de değildim o zaman, tam on bir yıl bu, ne de olsa daha gençtim, ihtiyar sayılmazdım, gene de dayanamadım, ağrılar sızılar kapladı vücudumu, bir buçuk ay çektim. Hepsinden geçtim, gezmeleri, eğlenceleri kendinin olsun İstanbul'un, ben gene ağrılarım tutacak diye korkuyorum. Bu sefer bir tuttu mu, öyle bir buçuk, iki ayda da geçmez, ya büsbütün yatalak eder, ya öldürüp götürüverir.

Seviyorlar gene bu İstanbul'u, sıcaklarına, yağmurlarına aldırmayıp seviyorlar. Şairlere inanıp seviyorlar, oysaki Fuzuli haber vermiş: *"Aldanma ki şair sözü elbette yalandır."* Bir arkadaştan duydum: önemli şairlerimizden biri, Ahmet Hamdi Tanpınar, geçen günkü gök gürültülerinden şimşeklerden pek hoşlanmış, çağımızın isterlerine uyup bilginliğe de özendiğinden kaleme kâğıda sarılmış, not almağa başlamış, yakında o manzarayı ya İstanbul'u öven bir şiirinde, ya bir romanda anlatacakmış, ördeklerin gözü aydın!.. Ama, şimdiden söyliyeyim, şiir olsun, roman olsun, ben okumam o yazıyı, öyle fırtınaları Chateaubriand iyi betimlermiş, yâni *tasvir edermiş*, merak edip onun yazdıklarını da okumadım. Ne yapayım ben öyle şeyleri? Hep bitti de tabiat manzaralariyle mi uğraşacağım? Ahmet Hamdi Tanpınar'ın not almasını sevdim, o başka, öyle sanıyorum ki Flaubert duysa o da bayılırdı, fırtınayı seyrederken not alan şairi bir tarafa sıkıştırıverirdi. Talihi yokmuş Tanpınar'ın, olsa bundan yüz, yüz elli yıl önce doğardı da Flaubert'in kitaplarında anılır, adı bengileşir, ölmezler arasına karışırdı.

Ben onun fırtına betimlemesini okumıyacağım, o da, hiç şüphem yok, benim bu yazımı okumaz. Daha iyi okumaması, fırtınayı betimlemekten vazgeçerse ne yaparız? Benim yüzümden edebiyatımız parlak bir sayfadan mahrum mu kalsın?

Anlamıyanlara Öğüt

XVII. yüzyıl Fıransız yazarlarını bir zamanlar ben de pek severdim. Daha doğrusu, sevmezdim o kadar, sıkılırdım onları okumaktan, gene de onların bir kitabını açtım mı, eşsiz bir tat duyduğuma kendimi inandırmak isterdim. Hele Racine! Ne inceliktir ondaki! Oyunlarındaki kişilerden birine söylettiği bir tek sözle, gönlümüzün bütün karanlık köşelerini aydınlatıverir. Ya o mısralarındaki temizlik, o ahenk, o kusursuzluk... Daha böyle sayın durun, aklınıza ne kadar incelik gelirse, yükletin onları Racine'in eserine, kaldırır hepsini. Esnerdim, çene kemiklerim ağrıyasıya esnerdim onu okurken. Ama onun çok ince bir şair olduğunu, sağ beğeninin, yâni *zevk-i selim*'in yasalarını kurduğunu öğrenmiştim bir yol, birtakım eleştirmecilerin yazılarında görmüştüm de doğrunun ta kendisi diye karşılamıştım. Eee! benim de sağ beğenim yok mu? İnceliklerden anlamaz mıyım ben? Bunun için esnemelerimden utanır, onları kendimden bile gizlemeğe çalışır da hayranlıkla esrikleştiğimi, coştuğumu söylerdim. Ne diyor Charles Maurras? Efendiden bir kişi, güzeli beğenmezse, kendini düzeltmeğe çalışır, beğenisini eğitirmiş. Ta hoşlanıncaya kadar. Ben de kendimi düzeltmeğe, beğenimi eğitip inceltmeğe ant içmiştim, bir gün o ereğe varacağımdan şuncağız şüphem yoktu, Racine'in eserine bayıldığımı, herkesin de bayılması gerektiğini söylerken yalana düşmüyordum, ancak gelecekteki bir doğruyu bildirmiş oluyordum.

Yıllar kurtardı beni. Ne yapayım? Bir türlü anlıyamıyorum

o inceliklerden, sağ beğeniye eremiyorum, Racine'in kitabını her açışımda gene eskisi gibi esniyorum, hem şimdi kendimi zorlamadığım için, hoşlanıyorum diye kandırmağa çalışmadığım için rahat rahat, doyasıya esniyorum. Kişioğlu düzeltemediği kusurlarını giderek birer üstünlük, birer erdem saymağa başlar, ben de sağ beğenim olmadığı için sevinmeğe, sağ beğeniyi gülünç bir şey saymağa başladım. Hani doğru da değil mi? Sağ beğenileri olanların haline bakın bir yol. Bir şeyi, örneğin bir tilciği istemediler mi, hemen yapıştırtıyorlar: "Sağ beğeniye uymuyor bu!" *Ruh* yerine *tin* demeği, *-sel, -sal* eklerini kullanmağı beğenileri kaldırmıyormuş. Bunu bir söyleyişleri, bir kesip atışları var, sanırsınız ki akan suları durdurmağa yeter. Kimi de kalkıyor, birtakım tilciklerin, duyguların, düşüncelerin edebiyatdışı edilmesini istiyor. Şiirde, hikâyede öyle her şeye dokunulamazmış, ince duyguların, ince düşüncelerin sözü edilmeliymiş. Daha bunun gibi nice buyuruldular. Siz de uyacaksınız, boyun eğeceksiniz bütün dediklerine. Elbette! boru değil, sağ beğeni adına konuşuyorlar. Onlara uyacaksınız, bütün dediklerine boyun eğeceksiniz de birtakım tilcikleri, konuları sokmıyacaksınız edebiyata, sınırlandıracaksınız, günden güne daraltacaksınız edebiyat alanını, cılızlaştıracaksınız; bütün şairler, yazarlar süzük, baygın bakışlı olacak, ah edecek, vah edecek, çağımızdan hoşlanmayıp geçmiş günlerin özlemini çekecek, ölmüş düşünlerle geçinip gidecek. Hani bir şiiri vardır Fazıl Ahmet Aykaç'ın, Recaizâde Ekrem Bey ağzından yazılmış, ince mi ince, kibar mı kibar bir hanımı anlatır: *"Ger tıflı talep ederse helvâ – Ma'suma alır şekerli gevrek"*. Boyuna sağ beğenilerini öne sürenler bana hep o hanımı hatırlatır.

Sağ beğeniye dayanmak, sağ beğeni adına konuşmak kendilerine türlü oyunlar oynuyor, gene de uslanmıyorlar. Bakıyorsunuz, yeni bir şair çıkıyor, anlıyamıyorlar onun dediklerini, hemen dudak büküp: "Bizim sağ beğenimiz var, böyle şeylerden hoşlanamayız" diyorlar. Yıllar geçiyor, o şairin önemi, onu beğenmemiş olanların yanılmış oldukları anlaşılıyor, onlar gene sağ beğeni adına yargılamaktan vazgeçmiyorlar. Bütün sanat tarihi bize, sağ beğeninin boyuna değiştiğini, bir ölçü olamıyacağını gösteriyor, onlar bunu bir türlü kavrıyamıyor, sağ beğeni de sağ beğeni diye tepiniyorlar. A efendiler kendinize gelin, bütün yenilikler sağ beğeni adına kötülenmiştir, başka memleketlerde olup bitenleri bir düşünün, örneğin Fıransa'da: Victor Hugo, Stendhal, Zola, yâni büğünün sanatını kurmuş olanların başlıcaları, sağ beğeni adına yerilmiş, eserlerinin yaşıyamıyacağı söylenilmiştir. Yalnız onlar mı? Birtakım adamlar vardır, sağ beğenilerini öne sürüp de Shakespeare'e, Dostoyevski'ye, Wagner'e, Rodin'e dudak bükerler. Öyle kimselerin değerini seçemiyen, onları aşağılıyan, önemlerini kavrıyamıyan bir ölçü yanılmaz bir ölçü, diye öne sürülemez. Sizler ölüye, ölmüş olana bağlanıyorsunuz da canlıyı göremiyorsunuz, büğünkü kişilerin dünkü değer yargılarına göre yaşamalarını diliyorsunuz.

Yeniliği ille beğeneceksiniz demiyorum, anlıyamazsınız yenilikten, size ananız, babanız, yahut okuldaki öğretmeniniz birtakım düşünceler, duygular aşılamış, onlardan bir türlü yakanızı kurtaramazsınız, kendi kendinize düşünüp, kendi kendinize duyup yeni değerler bulamazsınız, onu biliyoruz, sizden gücünüzü aşacak bir çaba beklemiyoruz, acınacak insanlarsınız, acıyoruz size, o cılızlığınızdan silkinemezsiniz. Ama bir toparlayın kendinizi, anlıyamadığınız yeniliklere saldırmayın, büzülün kendi köşenize, büzülün de Batı acununun da, Doğu acununun da eskilerini okuyun, tek güzelliğin onlardaki güzellik olduğuna, kişioğlunun bundan böyle hiçbir şey yaratamıyacağına, geçmişe öykünmekten başka çıkar yol olmadığına inanın, karışmayız ona, anlamadığınız şeyleri size zorla anlatacak değiliz ya!.. Zaten kendinizi bir sıkıp da biraz anlar gibi olsanız bile yanlış anlarsınız, o yeniliklerde birtakım eskilikler bulmağa kalkışırsınız. Bırakın yenileri, uğraşmayın onlarla. Sizin için kapalıdır onlar. Siz aylı gecelerde bülbül dinleyin, kibar kibar konuşun, acayip kafiyeler arayın. Yalnız kötülemeğe de kalkmayın. Bunu söylerken yenilerin değil, sizin iyiliğinizi düşünüyoruz: anlayışsızlığınızı pek belli ederek tuhaf durumlara düşüyorsunuz. Ne de olsa birer kişioğlusunuz, size gülmek bizim de içimize dokunuyor. Büğün beğenmediklerinizin, sanatta yeni yollar arıyanların yarın kazandıklarını görünce şimdi söylediklerinizden belki utanacaksınız, sizi o utanmadan kurtarmak istiyoruz.

Yazar ile Eleştirmeci

Var mı bizde eleştirmeci, yok mu, şimdi onu araştıracak değilim. Şairlerimize, hikâyecilerimize sorun, çoğu, hemen hepsi yoktur diye kesip atıyor. Öfkeli öfkeli, içlerini çeke çeke... Yoktur diyelim de keselim o sözü. Bizde yok da nerede var sanki? Fıransa'da vardır sanırdık, bizde eleştirmeye özenenlere oradakilerden örnek almalarını öğütlerdik, oysaki orada da yokmuş. Kendisinden çok şeyler umulduğu söylenen genç romancılardan biri, M. Gabriel Veraldi, *La Parisienne* dergisinde çıkan bir yazısında, "Bundan iki üç yıl önceki moda, edebiyat ödüllerine çatmaktı... 1953 yılında ise eleştirmecilere kükremek, sağ beğeniye daha bir uygun bulunuyor" diyor. O ülkenin yazarları da eleştirmecinin anlayışsızlığından, ekinsizliğinden, ödevlerini gereğince yapmamalarından yakınıyor, onlar da "eleştirmeciler okumuyor kitaplarımızı, özetlere bir göz atmakla yetinip çızıktırıveriyorlar yazılarını, yalnız karınlarını doyurmağa bakıyorlar" diye homurdanıyor, tepiniyorlarmış.

Eleştirmeci dediğiniz titiz olur a, şair, hikâyeci kısmı ondan da titizdir, kolay kolay memnun edemezsiniz. Hakkı da yok mu titiz olmakta? Eleştirmeci dokunuyor ona, canını yakıyor. Siz günlerce, aylarca, kimi de yıllarca uğraşıp bir roman yazıyorsunuz, eleştirmeci okuyor onu, ancak birkaç saatını veriyor, sonra da burnunu kırarak bir "Olmamış!" diyor, beğense bile sizin koymak istediğinizden büsbütün başka şeyler buluyor o kitapta, gelin de buna kızmayın! oysaki siz neler ummuştunuz! eleştirmeci anlıyacak sizin kitabınızı, hayran olacak, bu hayranlığı başkalarına da geçirmeğe çalışacak, bir yazı yazacak sizin için, yeryüzünde yüzyıllardan beri bir eşinizin görülmediğini söyliyecek, "İşte biz bunu bekliyorduk, bizim aradığımız romancı doğdu artık!" diyecek, tanıtacak sizi bütün yurttaşlara, adınızın, ününüzün sınırlar ötesine taşmasını sağlıyacak... Böyle düşler kurdunuz romanınızı yazarken, böyle düşler kurdunuz o romanı okşayıcı bir iki sözle eleştirmeciye gönderirken. Doğrusu, biraz küçümsersiniz o eleştirmeciyi, büsbütün değersiz bulmazsınız, kendisinden birtakım yararlıklar beklersiniz, o başka, ne de olsa gene sizin gibi değildir, size ulaşamaz, siz nerede o nerede? Siz bir yaratıcısınız, o değil, siz bir eser koymuşsunuz ortaya, bunca yıldır bütün ulusun dört gözle beklediği romanı, şu ölmezoğlu soyundan bir roman yazmışsınız, o becerebiliyor mu bunu? Evet, beğenirsiniz onu, beğenirsiniz ama şöyle yukarıdan beğenirsiniz, sizinle eşit olmadığını bilerek...

Peki, siz büyüksünüz, çok üstün değerleriniz var, ben de inkâr edecek değilim onları. Yalnız bir şey sorayım size: o adamın sizden küçük olduğunu, öyle büyük işler başaramadığını biliyorsunuz da, neden şaşıyorsunuz anlayışsızlığına? İkide bir kendiniz söylüyorsunuz: şair olamamış, romancı olamamış o adam da onun için işi eleştirmeciliğe dökmüş, şunun bunun yazdıklarını yermesi kıskançlığındanmış. Kıskançlığı bir yana bırakalım, diyelim ki onda siz yanılıyorsunuz, ama ne yapsın? Anlamıyor işte o adam. Büyük bir sanat gücü olsaydı, kendi de yazar, sizin gibi yaratırdı. Anlamakla yaratmanın büsbütün ayrı şeyler olduğunu mu sanıyorsunuz? Anlıyabilse, sanatın, yaratıcılığın gizlerini, *sırlarını* kavrıyabilse, kendisi de az çok, büyük küçük bir şeyler yaratır, kordu ortaya. Bunu düşünürseniz, ondan beklediğinizin gücü üstünde olduğunu, elinden gelmiyeceğini anlarsınız da bu kadar öfkelenmez, hınç bağlamazsınız ona.

Şu da var: sizi tanıtacakmış o adam, yurttaşlara tanıtacak, adınızın sınırlar ötesine aşmasını sağlıyacakmış. Bakalım kendisini tanıyorlar mı? Bir gazetede, bir dergide yazıyor, o gazete, o dergi binlerce basılıp satılıyor, peki, ama bakalım o gazetede, o dergide onun yazısını okuyorlar mı? Kendisi tanınmıyorsa sizi nasıl tanıtır?.. Diyelim ki tanıyorlar onu, okurlar birini kaçırmıyor onun yazdıklarının. Ama, biliyorsunuz, öyle pek değerli değil o adam; bir şair, bir romancı, bir yaratıcı olamadığı için eleştirmecilikle yetinmiş. Onun yazılarını beğenip okuyanlar, kaçırmıyanlar da kendisi gibi pek de büyük bir değerleri olmıyan, yazarın iyisinden, yaratıcısından anlamıyan kimselerdir. Kendinizi onlara mı beğendirmek istiyorsunuz? Ne olacak onlar sizi beğenirse? Yarımyamalak anlıyacaklar sizin yazdıklarınızı. Bununla da kalmıyacaklar, belki sizi aşağılaşmağa sürükliyecekler. Öyle ya! Baktınız ki o adamlar okuyor sizin yazılarınızı, arıyor, bunun için de siz para kazanıyor, eskisinden daha rahat yaşıyorsunuz, bırakıverirsiniz kendinizi, öyle kimselerin beğenip tutacakları yazılar yazmakla yetinirsiniz, günden güne *inersiniz* onlara doğru.

İyisi mi, böyle büyük işler beklemeyin eleştirmeciden, sizi tanıtmasını, ünlü bir yazar olmanızı sağlamasını dilemeyin ondan. İsterseniz hiç okumayın sizin için yazdıklarını, neden okuyacaksınız? Anlayışsızlığını görüp de kendinizi üzmenin yeri mi var? Okumayın... Kulağınıza söyliyivereyim: eleştirmecilerin benim için yazdıklarını okumam ben, övseler de okumam, yerseler de. Bir eleştirme yazısında benim adımın da geçtiğini görünce hemen kapatıveririm, geçiveririm. Ama siz geçemez, kapatamazmış, okurmuşsunuz. Onun da kolayı var. Bir eleştirmeci gözüyle okuyun o yazıları. Sizin şiirinizdeki, romanınızdaki yeniliği, üstünlüğü, şunu bunu, büyük büyük erdemleri görememiş, anlıyamamış; bu anlayışsızlığı üzerinde durun, niçin anlıyamıyor? Gözlerini kapatan perde nedir, onu araştırmağa çalışın. İnceleyin bunu, yazıp ortaya koyun, böylece eleştirmenin, gerçek, faydalı eleştirmenin ne olduğunu öğretirsiniz. Ama siz yaratıcısınız da eleştirme ile uğraşmazsınız, o işi küçük görürsünüz kendinize. Demeyin öyle, eleştirmecilik yaratıcılıktan küçük olabilir, ama bakın, bizde eleştirme yok diye yakınıyorsunuz, eleştirme olmamasını, gerçek eleştirmeciler yetişmemesini edebiyatımız için, düşünce hayatımız için bir eksiklik sayıyorsunuz, siz yaratın o gerçek eleştirmeyi, bu da mı yakışmaz sizin yaratıcılığınıza?

Eleştirmeci sizi anlamıyor da okurlar anlıyor mu? Onlar kolayca görebiliyor mu sizin eserlerinizdeki değeri, üstünlükleri? Okurlar beğeniyorsa sizin yazdıklarınızı, anlıyabiliyorsa, eleştirmeciyi ne yapacaksınız? Bir yararlığı dokunamaz size o adamın. Yok, okurlar da sizin yazılarınızı beğenmiyor, anlamıyorsa... Hayır, kendinize küsün siz demiyeceğim, belki gerçekten bir değeriniz yoktur, bir de bunu düşünün demiyeceğim. Der miyim hiç? Terbiyeli adamım ben. Hem söyledim, sizin üstünlüğünüzü inkâr edecek değilim... Ama öyle ise, yalnız eleştirmeciye kızmayın, onunla birlikte bütün okurlara da kızın, "Bizde eleştirmeci yok" demekle kalmayın, "Bizde okur yok, okurun iyisi yok!" deyin. Böyle derseniz eleştirmeciye de herhangi bir okur diye bakarsınız; izlenimlerini, duygularını kendine saklamayıp söyliyen bir okur... O zaman eleştirmecinin ne olduğunu anlarsınız da hoşgörürsünüz tepkilerini, anlayışsızlığını. Susmasını bile hoşgörürsünüz.

Devrim

Eski şiirimizi, Divan şiirini, bilirsiniz, severim, çok severim. Bir yandan da kızarım ona, onu sevdiğim için kendime kızarım. Kapatmalıyız artık o edebiyatı, büsbütün bırakmalıyız, unutmalıyız, öğretmemeliyiz çocuklarımıza. Onu sevdikçe, Fuzuli, Baki, Naili gibi şairleri okuyup bir tat duydukça, çocuklarımıza da belleteceğiz, sevdireceğiz diye uğraştıkça Doğulu olmaktan silkinemiyeceğiz, kurtulamıyacağız, Batı acununa gerçekten karışamıyacağız. Bizim büğün ülkemize girmesini, yayılıp yerleşmesini dilediğimiz görüşten, anlayıştan apayrı, onunla bağdaşamaz bir anlayışın, görüşün ürünüdür o. Musikimiz gibi. İkisi bir arada yürüyemez. Ya biri, ya öteki. Birinin, Doğu düşünüşünün yarattığı şiirin, edebiyatın artık yaralanmış olduğunu, bize yetmediğini, içimizde yankılar uyandırsa dahi çağını geçirmiş, yapacağını yapıp göçmüş olduğunu biliyoruz. Ne duruyoruz? Gömelim onu. Onu gömelim de ötekinin tutunmasına, gelişmesine engel olmasın.

Onun sesi içimize işliyor, bizi kavrıyor, duygularımıza dilmeç oluyormuş. Öyledir elbette, değildir dedim mi? Bunca yüzyıldır onunla yoğrulmuşuz, onu benliğimize, benliğimizi ona sindirmişiz. Sevinçlerimizi, acılarımızı, sevgilerimizi, bütün iç yaşayışımızı onunla anlatıyoruz. Bir Fuzuli beyti işittik mi, ne dediğini iyice kavrıyamasak bile, bizi söylediğini, bizden bir şey olduğunu, yüreğimizde bir teli titrettiğini duyuyoruz. Ama işte bunun için kapatmalıyız, bırakmalıyız, unutmalıyız o şiiri. Bizim duygularımızın ezgisi olduğu için, gücünü bizim duygularımızdan alıp bizim duygularımızı beslediği için atmalıyız onu. Büğün düşüncelerimizle duygularımız biribirine uymuyor, kendimizi duygularımıza kaptırdık mı, bize düşüncelerimizin gösterdiği yönden uzaklaşırız, döneriz. Ya duygularımızı dinliyeceğiz, onlara uyacağız, ya düşüncelerimizin dilediği yaşayışa varacağız. Duygularımızı feda etmeden düşüncelerimizin dilediği görüşü gerçekleştirelim... Olmaz öyle şey. Duygular düşüncelere karşıt olunca onları yenerler. Komıyalım böyle olmasına, düşüncelerimizin gerektirdiği duyguları edinmeğe özenelim. Bir devrim çağı yaşadığımızı söylüyoruz, o devrimi içimizde de yapmalıyız, duygularımız da bir devrim geçirmeli. Yaşayışımızda, görüşlerimizde, düşünüşümüzde bir değişme olmasını istiyoruz. Bunu gerçekten istiyorsak, duygularımızın da değişmesine katlanacağız. Ağır bir ödevmiş, üzücü bir ödevmiş bu. Ne yapalım? Devrim dediğiniz de kolay değildir ki! ağır yüklere, üzücü, ezici ödevlere katlanmağı gerektirir.

Divan şiirini, eski edebiyatımızı kapatacağız, unutacağız da çocuklarımıza ne öğreteceğiz? Beğenilerini nasıl işliyeceğiz? Dil duygusunu nasıl vereceğiz onlara? Bu soruların cevaplandırılması güç olduğunu bilirim. Divan şiirini, eski edebiyatı kapatmak demek, okullarımızdan edebiyat öğretimini, edebiyat eğitimini kaldırmak demektir. Aşağı yukarı. Yalnız yenileri, yahut Avrupa dillerinden yapılmış çevirileri okutmak yetmez a! bir de saz şairlerinin, Karacaoğlan'ın, Dadaloğlu'nun, Sümmani'nin, Seyrani'nin şiirleri var, onları mı göstereceğiz? Hayır, onlardan da geçmeliyiz, onları da kapatmalıyız. Onlar da Divan şiirini yetiştiren görüşten, anlayıştan doğmuştur da onun için. Onlar da dünü söyler, onlar da dünün duygularını aşılayıp güçlendirir. Onlar, Divan şiirlerinden ancak biçimce ayrılır, öz gene o özdür.

Biliyorum eski edebiyatımızı kapatmanın okullarımızdan edebiyat öğretimini, edebiyat eğitimini kaldırmak olacağını. Ne yapalım ki başka çare yok. Neye yarıyor Divan şiirini göstermek? Çocuklarımıza dilimizi mi öğretiyor? Hayır, bütün o beyitlerdeki tilcikleri öğretirken söylüyoruz: "Sakın bunları kullanmayın. Kullanamazsınız da, kimse anlamaz, üstelik size gülerler." Onlardaki güzellik anlayışına inanıyor muyuz? Çocuklarımıza o güzellik anlayışını aşılamak istiyor muyuz? Hayır. "Büğünkü toplum edebiyatı, sanatı böyle anlamıyor, siz yarın birer yazar olursanız, bunlardan büsbütün başka şiirler, hikâyeler yazmanızı istiyor. Kendinize bunları değil Avrupalı, Batılı yazarların eserlerini örnek edineceksiniz" diyoruz. Böyle demezsek, yalan söylemiş oluruz, çünkü biz bütün o Divan şiirlerini sevsek bile, toplumun artık onlardan ayrıldığını, onları istemediğini biliyoruz. Öyle ise neye yarıyor onları göstermek? Çocuklarda birtakım eski duyguların uyanmasına, tepmesine yarıyor. İşte o kadar. Yâni zararlı bir etkileri, büğün yayılıp yerleşmesini dilediğimiz görüş için zararlı bir etkileri oluyor. Bir yandan Fuzuli'yi, Baki'yi okutacaksınız, bir yandan da çocuklara asıl önütlerin Homeros, Sophokles, Shakespeare, Molière, Balzac olduklarını söyliyeceksiniz. Oysaki bunlar onlarla geçinemez, bunlar onların öğrettiklerini çürütür, yıkar. İkisi birbirini çürütüp yıkar, sonunda hiçbir şey belletmemiş olursunuz.

Şimdi bana: "Doğu edebiyatı ile Batı edebiyatı biribirinden senin sandığın kadar ayrı değildir, ikisinin de temelleri birdir, birinden ötekine geçilebilir. İşte bak, Avrupalılar da Doğu'nun şairlerini beğenerek, severek okuyor" demeyin. Bilirim öyle olduğunu. Avrupalılarda, Avrupalı düşünüşü ile yetişmiş kimselerde bir merak, bütün dünyayı anlama özeni vardır. Yalnız Doğu acununun değil, yabancıların sanatını dahi inceleyip ondan kişioğluna değgin, kişioğlunun özünü aydınlatacak bilgiler çıkarırlar. Bundan başka, kişioğullarında, görüş, anlayış ayrılıklarının gideremediği, bozamadığı bir birlik olduğu da söylenebilir. Bir İngiliz lordu ile Afrikalı bir kara, görünüşte biribirlerinden ne denli ayrı olurlarsa olsunlar, özlerinde gene onları birleştiren bir şey vardır. Bunun için Shakespeare'in eserleri karaları besliyebileceği gibi karaların sanatından da bir İngiliz lordu, içinin azığını çıkarabilir.

Bu doğrudur, ama yüksek bir alanda doğrudur, okullardaki çocuklara bunu sezdiremezsiniz. Bunu onlara sezdirmeğe kalkarsanız, zihinlerini büsbütün karıştırırsınız. Ben size Fuzuli ile Shakespeare arasında hiçbir benzerlik, birlik yoktur demedim, ancak o benzerliği, o birliği edebiyat ile, kişioğlu ile epeyce uğraşmış olanlar kavrıyabilir. Yeni başlıyanlar için, onlar biribirine hiç uymıyan iki adamdır. Fuzuli'yi okuyarak günün birinde Shakespeare'e ulaşmak olmıyacak iş değildir. Ama biz büğün Homeros'la, Sophokles'le, Batı acununun yazarları ile beslenmiş bir ekine, *culture*'e susadığımızı söylüyoruz. Bizim için erek, Fuzuli yolu ile, Hafız yolu ile Shakespeare'e, Goethe'ye ulaşmak değil, Shakespeare, Goethe yolu ile Fuzuli'yi, Hafız'ı anlamaktır.

Sanat İçin

Sevmez olur muyum doğayı? (Siz isterseniz beğenmeyin, "doğa" demek "tabiat" demekten daha hoşuma gidiyor benim.) Bayılırım doğaya. Gündüzüne, gecesine, otlarına, çiçeklerine, gölgelerinde dinlenilen ağaçlarına, sularına, çorak, kupkuru topraklarına kadar her şeyine, her şeyine bayılırım. Naili: *"Mestâne nukuş-ı suver-i âleme baktık – Her birini bir özge temâşâ ile geçtik"* diyor. Ben de öylesine, vurguncasına severim doğayı. Gene de güzeldir diyemiyorum. Doğaya bakmaktan aldığım tat, "güzel" sözünden anladığıma uymuyor. Daha doğrusu ben de, John Ruskin gibi, doğaya, önümde uzanıp giden yeryüzüne bakarken: "Ne güzel!.. Ne güzel!.." diyorum, ama bir şiir için, bir resim, bir ezgi için "güzel" dememe benzemiyor bu, ondan büsbütün başka, büsbütün ayrı. Birini yalnız duygularımla, ötekini daha çok düşüncemle söylüyorum. Duygularımla güzel bulduğumda sanat yoktur, düşüncemin güzel bulduğu şey ise sanatın ürünüdür.

Bunun içindir ki beni duygularımla yakalamağa, duygularımdan yakalamağa kalkışan sanat yapıtları (hatırınız için "dörüt" demeği bıraktım, "sanat" diyorum, ama "eser" yerine "yapıt" demeği de bırakacak değilim ya! "dörüt" gibi değil o, kolayca anlaşılıyor ne demek olduğu), beni duygularımdan yakalamağa kalkan sanat yapıtları içimde bir korku, bir çekinme uyandırır: "Beni aldatmak, kandırmak istiyor" derim. Gerçekten güzel olsa, güzelliğine inansa, kandırmağa, aldatmağa kalkar mı? Bende duyguları işletmeğe, onlar sayesinde beni coşturmağa özenmez, çırçıplak çıkar önüme, sanata vergi olan değerleriyle beğenilmek ister. Kendi âleminden çıkıp duygular âlemine girmez.

 Günümüzün "soyut resim" dedikleri sanatını, doğrusu, anlamıyorum. Ama o yolda çalışan sanat adamlarının haklı olduğuna inanıyorum. Ne yalan söyliyeyim, o sanatı biraz da anlamadığım için, güzelliğini seçemediğim için beğeniyorum. Benim gibi anlamıyan, hiçbir resim ekini olmıyan bir kişinin de anlıyabileceği, sevebileceği yapıtlar veren bir sanat adamı, sanatından ayrılıyor, ona yabancı öğeler (*unsurlar*) karıştırıyor demek değil midir? Soyut resme özenenler, sanatlarını yabancı öğelerden temizlemeğe çalıştıkları için alkışlıyorum. Yaptıkları her resmin bir değeri var mı? Bilmem onu, resimden anlıyanlar, gerçekten bir resim ekini edinmiş olanlar söylesin. Ben onların yapıtlarını değil, tuttukları yolu, ülkülerini beğeniyorum.

 Söylemediğimi söyletmeyin bana. Soyut resim dışındaki yapıtların bir sanat değeri olamıyacağını ileri sürmedim. Onlarda da var elbette. Anlıyanlar onları da konuları için değil, sanatları için beğeniyor. Ama onları veren ressamlar, yapıtlarının, birtakım sanat dışı sebeplerle, anlamıyanlarca da beğenilmesinden kaçınmıyorlar. Bence asıl sanat adamı, asil sanat adamı, sanattan anlamıyanları yanına yaklaştırmamağa çalışan adamdır. Konuşur onlarla, düşer kalkar, ama onlara sanatından açmaz, sanatına ilgilendirmek istemez onları.

 Sanat yapıtlarını kalabalığın, çoğunluğun anlamasını o yapıtlar için bir değer sayanlara, "Sanat halkın hizmetinde olmalıdır" diyenlere işte bu yüzden tutuluyorum. Halkın iyiliğine çalışır gibi gözüküyorlar, belki de gerçekten halkın iyiliğine çalıştıklarını sanıyorlar, ancak sanata kötülük ediyorlar. Dolayısıyle halka da kötülükleri dokunuyor, çünkü çoğunluğa bir kendini beğenme aşılıyorlar. Bakıyorsunuz ki halk, çoğunluk: "Biz bunu anlamıyoruz, demek ki bu değerli bir şey değildir, ortadan kaldırılmalıdır" diyor, kendi âleminde yaşayıp çalışan sanat adamına düşman kesiliyor, alay ediyor, eziyet ediyor.

 Sanat halkın, toplumun hizmetinde değil midir? Değildir demiyeceğim, ama bilim ne kadar toplumun hizmetinde ise, bütün insanlığın hizmetinde ise sanat da o kadar toplumun, bütün insanlığın hizmetindedir. Bilim adamı çalışmalarından bütün dünyanın faydalanmasını ister, bulduğu doğruları bütün insanlara öğretmeğe özenir, ama bunun için işini kolaylaştırmağa, çoğunluğun anlamıyacağı konulara dokunmaktan çekinmeğe kalkmaz. Sanat adamı da öyledir, yaratacağı güzelliğin çoğunlukça anlaşılıp anlaşılmamasına aldırmaz, "Halk bunu beğenmiyecektir" diye bir yapıtı ortaya koymaktan vazgeçmez. "Anlasınlar, uğraşsınlar kendilerini aşsınlar da bunun güzelliğini kavrasınlar" der. Vaktı varsa, açıklamalardan hoşlanıyorsa yapıtını anlatmağa çalışır, ama gönlü istemezse ona da girişmez, yapıtını ortaya kor, bırakır. Onun bir gün anlaşılacağından, beğenileceğinden şüphesi yoktur, çünkü güzel olduğuna inanarak yaratmıştır onu, o güzelliği bir gün başka gözlerin de göreceğini kesin olarak bilir. Belki yanılmıştır, yapıtı güzel değildir, hiçbir zaman anlaşılmıyacak, beğenilmiyecek bir şeydir. Ne yapsın? Kendisi ancak o kadar başarıyor, elinden ancak o kadar geliyor. Çoğunlukça anlaşılan, beğenilen çeşitten yapıtlar verirse onlar sanki daha mı değerli olacak? Elbette onlar da birtakım cılız yapıtlar olmaktan kurtulamaz, üstelik sanat adamını da kendi kendinden tiksindirir, inanmadığı bir işe çalışmış olduğu için onu da sanatından soğutur.

 Neden bu kadar karışıyorlar sanata? Neden sanat adamının ille toplumun, çoğunluğun buyruklarına uymasını, ille ısmarlama yapıtlara çalışmasını istiyorlar? Bir kişiyi sanata götüren eğilimi bilmiyorlar, duymuyorlar da onun için. Falanca neden şiirler yazıyor, neden resim yapıyor, ezgi düzüyor, bunu bir türlü kavrıyamıyorlar. Sanatın boş bir uğraşma, çocukça bir eğlence olduğunu sanıyorlar. Ama şundan bundan da sanata saygı göstermek gerektiğini öğrenmişler: "Peki, ama sanat adamı da ancak bizim anlıyabileceğimiz yapıtlar versin, bizi ilgilendiren konulara dokunsun, bize bir şeyler öğretsin" diyorlar. Anlamıyorlar ki bunu söylemek, sanata saygısızlık göstermektir.

 Doğrudan doğruya sanatla uğraşmıyanların böyle düşünmelerine şaşmıyorum. Ne yapalım, anlamıyor onlar sanattan, sanat onları kavramamış. Ama sanat adamları da böyle söylemeğe kalkınca tutuluyorum. Mademki sanata inanmıyorlar, sanatın şuna buna birtakım doğrular öğretmekten, birtakım düşünceler aşılamaktan başka bir ereği olduğunu anlamamışlar, mademki o doğruların, o düşüncelerin güzellikten üstün olduğuna, güzelliğin de onlara hizmet etmesi gerektiğine inanıyorlar, ne için uğraşıyorlar sanatla? Bıraksınlar o alanı...

Okurken

Bir dergi gelir İzmir'den, aylık bir dergi: *Kervan*. Gençlerin çıkardığı bir dergi. Her sayısını okurum. Biraz geç kaldı mı: "Kapandı mı yoksa?" diye üzülürüm. Bir ay çıkmamıştı, sonra baktık, kılığını değiştirmiş, gazete biçimine girmiş, gene göründü, sevindim. İyi midir o dergilerin yazıları? Hepsi iyi olur mu? İyisi de var, iyi olmıyanı da.

Nisan sayısında Esat Ahmet imzasiyle bir yazı vardı, yazarlarımızdan birine çatıyordu, ona çatarken bana da şöyle bir dokunuvermişti. Sevmemiştim o yazıyı, iyi değildi, tatsızdı, Bay Esat Ahmet kalemini daha kullanamıyordu pek, bir karışıklık, bir sıkıntı seziliyordu deyişinde. Mayıs sayısında bana çatmış, yere sermiş, ezmiş beni, bitirmiş... Hemen söyliyeyim, bana öyle geliyor ki bir ay içinde Bay Esat Ahmet yazı yazmağı epeyce öğrenmiş, çok ilerlemiş, kalemine bir canlılık gelmiş. Dilerim, daha da ilerlesin. İlerlemesi beni çiğnemekle olacakmış, olsun, ben ne yapar yapar, kalkarım ayağa. Kalkamasam da ne çıkar?

Ne istiyor benden Bay Esat Ahmet? Niçin öyle yere seriyor beni, eziyor, bitiriyor? Söyliyeyim suçumu. Geçenlerde, bir yazımda, halk için sanat istiyenlere takılmıştım. Bence halk için sanat olmaz, sanat herkes içindir. Sanat eri çalışır, bir eser kor ortaya, onun güzel olduğuna inanır, o güzelliği herkesin anlamasını, kavramasını ister. Kimse anlamasın diye yaratmaz, herkes anlıyabilsin diye de yolundan şaşmaz. Benim bu kanıda olduğumu anlatırken Mallarmé'yi de anmıştım, o şair evinin altındaki kahveye gelen işçiler, yoksullar kendi şiirini niçin anlayıp sevmiyorlar diye üzülürmüş. Bay Esat Ahmet işte buna tutulmuş, Mallarmé'nin "Brise marine" adlı şiirinin birkaç mısraını, aslını değil, çevirisini ele alıyor, öyle sözler söyliyen bir şairin bütün insanlar için, insanoğlu için yazdığına inanılmıyacağını bildiriyor. Buna inanmak için insanın "ya çok iyi niyetli, ya da Donkişot muhayyileli" olması gerekmiş. Ben, doğru, ak ağınlıyımdır, saf, bön bir kişi. Don Quixote'ye benzer bir şeyim var mı, bilmem orasını.

Mallarmé'nin evinin altındaki kahveye gelen işçiler, yoksullar, o şairin şiirlerini anlıyamazlardı elbette. Shakespeare'in, Dante'nin, Goethe'nin yazdıklarını da anlıyamadıkları gibi. Neden anlıyamazlar? Onları anlasınlar diye yetiştirilmiyorlar da onun için. Mallarmé'nin üzüntüsü, insanlar arasındaki bu ayrımlar yüzünden, bu eşitsizlik yüzündendir. Bir insanın yarattığı her güzellikte bütün insanların hakkı vardır, hepsinin onu tadabilmeleri gerektir, insanlık buna doğru yürümelidir.

Öyle sanıyorum ki Bay Esat Ahmet de: "Sanattan anlamak yalnız seçilmişlere, yâni ancak zenginlere, büyüklere vergidir, varsın kara kamu sanattan anlamasın!" diyenlerden değildir. Öyle de söylemiyor. Mallarmé'nin şiirinden anlamıyanlardan yana olup Mallarmé'ye dudak büküyor. Sanat eri öyle "Brise marine" gibi eserlerle uğraşmamalı demeğe getiriyor. Sözlerini, varmak istediği sonucu iyice anladımsa, Bay Esat Ahmet sanat erinin halk için çalışmasını, halkın anlıyabileceğinden öteye gitmemesini istiyor. Sanatı halka götürecek, aşağılaştırarak. Benim gibi ak ağınlılar, saflar, bönler, Don Quixote'ler buna razı olamıyoruz. Halkın sanattan anlamasını istiyoruz biz, halk için uydurulmuş ucuz, kolay bir sanattan değil, gerçek sanattan, en yüksek sanattan anlamasını istiyoruz.

Suçum yalnız bu değil. O yazımda benim de bir dâvâ adamı olduğumu söylemişim. "Sanat dâvâsına, dil dâvâsına çalışıyorum" demeğe getirmişim, dil dâvâsının bence bu toplumun en önemli, en büyük dâvâsı olduğunu söylemişim. Parmağını uzatıyor bana Bay Esat Ahmet, gülerek, kahkahalarla gülerek gösteriyor beni: "Gördünüz mü? Barış dâvâsı önemli değil, köylünün kalkınması dâvâsı önemli değil, verem dâvâsı önemli değil, işsizlik önemli değil, o değil, bu değil, ille de dil dâvâsı... İlâhi kızılcık" diyor.

Belli, sağduyusu var bu Bay Esat Ahmet'in. Öyle büyük dâvâlar dururken dil dâvâsiyle uğraşırlar mı hiç? Hele yeryüzünde barış olsun, köylü kalkınsın, veremin adı unutulsun, işsizlik kalmasın, bir soluk alalım, ondan sonra dil işine bakarız? Hani birtakım derin derin düşünceli yazarlarımız var, görüyorlar bu milletin çektiklerini, görüyorlar da: "Ahali hastalıktan kırılırken opera oynatılmaz, resim sergisi açılmaz, şiir yazılmaz, roman yazılmaz..." diye bağırıyorlar; belli, Bay Esat Ahmet'in de onlar gibi, onlar kadar sağduyusu var. Nasıl da yazmışım ben o yazıyı? Sağduyu denilen şey bende hiç de mi yokmuş?

Ama uslanamıyorum bir türlü, bu kör-kör-parmağım-gözüne doğruları göremiyorum, kavrıyamıyorum. Uslanamadım, o doğruları göremediğim için de Bay Esat Ahmet'e şöyle diyeceğim: "Barış dâvâsına mı katılmak istiyorsunuz? Çok iyi! önce dille uğraşın. Köylünün kalkınmasını mı istiyorsunuz? Çok iyi! önce dille uğraşın. Veremin kalkmasını mı istiyorsunuz? Çok iyi! önce dille uğraşın... Önce dil. Dil düşüncenin aracıdır da onun için. Dilsiz düşünülemez. O sizin söylediğiniz dâvâların hepsi de düşünceye dayanır, demek ki dile dayanır. O sizin dediğiniz dâvâlara Avrupalılar bizden daha iyi çalışıyorlar. Neden? Yüzyıllardan beri kurulmuş bir dilleri var da onun için, o dille düşünebiliyorlar, o dilin yardımı ile düşündüklerini söyliyebiliyorlar da onun için. XVI. yüzyılda Ronsard, Rabelais, Amyot, Montaigne gibi adamlar Fransız dilini kurmasalardı, bir Descartes yetişemezdi, Voltaire, Rousseau, Montesquieu, Diderot yetişemezdi, Fıransız devrimi olmazdı. Opera yapmazsanız, resim sergileri açmazsanız, şiirler, romanlar yazılmazsa, hem de yalnız sizin dilediğiniz gibisinden değil, her çeşidinden sanat eserleri yaratılmazsa, iyi yaşamanın, güzel yaşamanın bir değeri olduğu sezdirilmez, kafalar işletilmezse ülkeyi hastalıklardan kurtaramazsınız, köylüyü kalkındıramazsınız, yeryüzünde barışı kuramazsınız. Bakın tarihe, göreceksiniz ki büyük sanat eserleri, Phidias'ın heykelleri, Sophokles'in, Euripides'in, Aristophanes'in oyunları, Vergilius'un şiirleri yaratılmış da ondan sonra o sizin söylediğiniz büyük dâvâlarla uğraşılmış. Siz bunu sadece bir tesadüf mü sanıyorsunuz? Ben de sizi parmağımla gösterip: "Böyle işleri tesadüfün yaptığına inanan şu adamı görüyor musunuz?" dersem ne yaparsınız? Sağduyunuzla yaşayın, Bay Esat Ahmet!

Kendimizi Tanıtalım

Tanıtalım kendimizi, edebiyatımızı tanıtalım, sanat adamlarımızı tanıtalım, fikir eserlerimizi tanıtalım diye tutturmuşuz, boyuna yolunu arıyoruz. Değil mi ya. Efendim! büyükten büyük bilginlerimiz, düşünürlerimiz, eşsiz sanat adamlarımız, hikâyecilerimiz var, daha da yetişiyor, şiir derseniz, bize vergi. Avrupalı bir öğrense bizi, parmağı ağzında kalacak: "Neler varmış da ben bilmiyormuşum! edebiyat dediğin, sanat dediğin, bilim, düşünce dediğin Türkeli'ndeymiş, ben yüzyıllarca karanlıklar içinde yaşamışım!" diyecek. Kendimizi tanıtsak, bir uyanış olacak Batı'da, eskisi hiç kalır yanında. Gelgelelim, yolunu bilmiyoruz kendimizi tanıtmanın: Basın-Yayın birtakım kitaplar çıkarıyor, olmuyor, *Tercüme* dergisi bizim yazarlarımızın yazılarını Firenkçeye çeviriyor, olmuyor, Avrupalıyı bir türlü uyandıramıyoruz. İnat bu ya! ilgilenmiyor bize.

Bir şey sorayım ben size: Fıransızca, İngilizce birtakım kitaplar vardır, şuranın edebiyatı, buranın edebiyatı diye. O kitapların, o şuranın, buranın verdiği paralarla çıktığı bellidir, siz alır da okur musunuz onları? Bazılarını gönderirler size, açar mısınız onları? Belki şöyle bir karıştırırsınız, ama dikkatle okumazsınız, okusanız da hatırınızda kalmaz. Peki, siz onları okumazsanız, bizim çıkaracağımız kitabı Avrupalı niçin okusun? Siz ilâna, çığırtkana kanmazsınız, Avrupalı kanar mı?

Meraklı bir adamdır Avrupalı dediğiniz, bir yerde kendisinin gerçekten beğeneceği, güzel bulacağı, diline çevirmeğe özeneceği bir şey varsa, arar bulur onu. Bakın, bizim Nasrettin Hoca'yı da Avrupalı az çok bilir, ama gidip de biz tanıtmamışızdır, kendisi gelmiş, duymuş, öğrenmiş. İranlıların Hafız'ını, Sadi'sini, Hayyam'ını Batı'ya Basın-Yayın kurumları mı öğretmiştir? *Bin Bir Gece*'yi Avrupa dillerine, hükümet kuvvetiyle mi tanıtmışlardır? Bizim de büğün çok değerli, bizi sevdirmeğe yetecek eserlerimiz olsa, hiç üzülmeyin, Avrupalılar bulurlar onları, bizden para alarak değil, üstüne kendileri de para vererek dillerine çevirirler.

Biz kendimizi beğenmek için fırsat arıyoruz da onun için kendimizi tanıtalım diye tepiniyoruz. Yazarlarımızın her biri de ancak kendisinin beğenileceğini umuyor. Kendisi Avrupa'lara lâyık bir insandır da onun için, yanlışlıkla bu toplumda doğmuştur, öyle buluşları, öyle düşünüşleri vardır ki Avrupalıların göklere çıkardıkları yazarların dediklerini solda sıfır bırakır. Kendinden başkalarına gelince, Avrupalıların bizim yazarlarımızı beğenmiyeceğinde o da benimle beraberdir.

Ufuklar adlı yeni, küçücük bir dergi çıkmış, onu karıştırırken düşündüm bunları. "Yabancılara hangi yazılarımızı tanıtalım?" diye bir soruşturma var onda. Bir İngiliz dergisi, büğünkü Türk edebiyatından seçilmiş yazılarla bir sayı çıkaracakmış, *Ufuklar* dergisi de ona konacak yazıların hangileri olması gerektiğini soruyor.

Baktım, ben de cevap vermişim o soruşturmaya. Cevap vermedim de dergiyi çıkaranlar benim ağzımdan lâf uydurmuşlardı demek istemiyorum, söylemişimdir, insanın yüzü tutmuyor, birkaç ad sayıveriyor. Ama unutmuştum. Dergide görünce güleceğim tuttu. Bakın kimleri söylemişim: "Şiir – Orhan Veli: Dalgacı Mahmut; Oktay Rifat: Zeytinyağlı Dolma, Fadik; Metin Eloğlu; Xavier Cugat: Zurnanın Zırt Dediği Yer; Fazıl Hüsnü Dağlarca: Sivaslı Karınca. Hikâye – Sait Faik Abasıyanık; Orhan Kemal; Muzaffer Hacıhasanoğlu: Bir Fotoğraf Canlanıyor."

Şaşırdım kaldım bunları okuyunca: O benim saydığım şiirler nasıl çevirilir başka dillere? Örneğin Oktay Rifat'ın "Zeytinyağlı Dolma"sı ile "Fadik"i. Doğrudur, çok severim o şiirleri. Sırası gelmişken sorayım size: Oktay Rifat'ın yeni kitabını, *Aşağı Yukarı*'yı alıp okudunuz mu? O şiirler de var içinde, daha başkaları da var. Ben hepsini güzel buluyorum, hele uzun bir "İstanbul Şiiri" var, bayıldım. Oktay Rifat iyi şairdir; günden güne de gelişiyor, daha çok güzel şiirler yazacaktır. Kafası bir yere saplanıveriyormuş, olsun! böyle şeyler beceriksiz şairler için bir kusurdur, şairin iyisi, kafası bir yere saplansa da, güzel şeyler söylemenin yolunu bulur. Oktay Rifat buluyor o yolu... Ama bence, o kitaptaki şiirlerin biri bile başka dillere çevrilemez. Çevrilir elbette, çevrilmez olur mu? Ancak iyi bir şair, mizacı Oktay Rifat'ın mizacına uygun bir şair çevirebilir, yeniden yaratarak çevirir. Yoksa "Zeytinyağlı Dolma"nın Fıransızcada ne olacağını bir düşünün, ziftyağlı dolma gibi bir şey olur o.

Söylediğim öteki şiirler için de öyle, hiçbiri Firenkçeye çevrilemez onların. Çevrilirse güzelliği, mânâsı, her şeyi uçar, bir şey kalmaz ortada. Hikâyelere gelince, onlar çevrilebilir, ama okunulur mu, beğenilir mi, bilmem orasını. Daha doğrusu, ummam. Sait Faik, Orhan Kemal, Hacıhasanoğlu iyi birer yazardır, bizim için çok değerleri vardır, gene de Avrupalıları ilgilendirebileceklerini sanmıyorum. Onlar gibileri çok oralarda.

Ufuklar dergisi şöyle bir şey de söylüyor: "Tabii, tercümenin iyi olması hiçbir zaman unutulmıyacak bir esastır ama o taraf, çaresiz, bu işe girişenlerin gayretine bırakılacaktır". Yâni *Ufuklar* dergisi, çevirinin güzel olması gerektir, ama onsuz da olur diyor, bundan başka mânâ çıkarılamaz. Görülüyor ki ben pek anlaşamıyacağım *Ufuklar* dergisiyle. Bir adam çıkacak, "Dalgacı Mahmut", "Sivaslı Karınca" gibi şiirleri üstünkörü İngilizceye çevirecek, gene de o şiirler bizi İngilizlere tanıtacak... Benim aklım almaz böyle şeyleri.

Ben bir şey sorayım *Ufuklar* dergisini çıkaranlara: bizim şairlerimizin Avrupalılara tanıtılması gerektiğine inanıyorlar. Peki, onları Türk okurlarına niçin tanıtmıyorlar? Dergiyi evirdim, çevirdim, şiirlerden hepsi başka dillerden çevrilmiş, bizim şairlerimizin hiçbirinden alınmamış. Neden? Değersiz mi buluyorlar onları? Değersiz buluyorlarsa ne diye dışarıya tanıtmak istiyorlar? Dedim a! benim aklım ermiyor o derginin işlerine.

Monsieur Gide

Monsieur Gide ölmüş. Öyle alışmışım, çoktandır hep Monsieur Gide derim. Gide, André Gide demeğe dilim varmıyor. Üzdü beni ölümü, saygılı bir hayranlığım vardı ona, günümüz yazarları içinde bildiklerimin bence en büyüğü oydu, en önemlisi. Yaşadığını bilmek içime sanki bir güven veriyordu. Yaşlıydı, seksenini aşmıştı, gene ihtiyarlamamıştı, ihtiyarlıyacak kişilerden değildi o. Gittikçe gençleşiyordu, geçmişin yığıp bıraktığı önyargılardan, bir zamanlar kendisinin de bağlı olduğu usdışı insanlardan silkiniyor, günden güne yenileşiyor, yeni insanın örneği oluyordu. Çağımızın eğilimlerini, özelliklerini anlamağa, anlatmağa çalışırdı. Burada "anlamak, anlatmak" biraz da kurmak demektir, yâni Monsieur Gide yeni çağın kurucularındandır, yeni görüşün, yeni duyuşun birçok yönlerini ona borçluyuz.

Monsieur Gide çağımızın başlıca tanıklarından biriydi. Birçoklarımız yeni olaylar karşısında "Monsieur Gide ne diyecek acaba?" diye beklerdik. Ona uymak, onunla birlikte evet yahut hayır demek için değil, öğreticiliğe, buyuruculuğa kalkmazdı, kesip atmazdı, tartışmalar adamıydı. Monsieur Julien Benda bir yazısında alay eder, ona "Ben bu kanıdayım ya, paylaşmıyorum bu kanıyı" dedirtir (C'est mon opinion, et je ne la partage pas). Monsieur Gide bir kanı bildirmez, görmeğe, kavramağa, görüp kavradığını söylemeğe çalışır. Bunun içindir ki daima önemlidir dedikleri, onları işittikten sonra o olaylarda bizim önceden görmediğimiz birçok şeyler daha bulunduğunu anlar, onlar üzerinde düşünmeğe başlardık. Bir yargıç değildi Monsieur Gide, bir tanıktı, dedikleriyle olayın görünüşünü değiştiriveren bir tanık. Ama çoğu öyle bir tanığın dedikleri yargıcın yargısından ağır basar, zaman bir yargının yanlışlığını gösterebilir, öyle bir tanığın dediklerini çürütmez.

Bazan bir yan tutuyor sanırdınız, sonra çabucak ayrılıverirdi ondan. Ama bu bir kaçış, korku ile kaçış değildi, öteki yanın söyledikleri içinde de doğrular bulunduğunu, onların da hesaba katılması gerektiğini hatırlatmak içindi. Çağının başlıca tanığı olması bu yüzdendir. Bir tek yanın adamı olsaydı dediklerine elbette kendi duyguları, belki kendi çıkarı da karışabilirdi. Bir yandan olmaması, bir yanda durmaması sözlerinin değerini artırıyordu. Kendisi buna "açıkta olmak" (être en disponibilité) derdi: açıkta olacak ki bütün doğruları görebilsin, herhangi bir doğrunun yardımına koşabilsin. Bunun içindir ki zamanımız inanlarının hiçbirinin katılaşmasında onun payı yoktur, ama gerçeği aydınlatıp o inanları kuran görüşlerin hepsinde az çok payı vardır.

Monsieur Gide böyle bir tanık olmağı sanatına, anlayışına borçludur. Bir yerde "Benim her yeni kitabım, bir öncekinin hayranlarını şaşırtmak için yazılmıştır" der. Neden bunu dilemiştir? Gözlerini dünyanın yalnız bir haline dikmek istememiştir de onun için. Doğru ancak bütündedir, parçalarda değil, "Ne souhaite pas, Nathanaël, trouver Dieu ailleurs que partout." Yeryüzünde Alissa'lar, Michel'ler, Edouard'lar bulunduğunu bilir, içlerinden birini seçip de ötekilerden yüz çevirmeğe razı olmaz. Bütün insanları severdi demiyeceğim, Monsieur Gide'den açılınca "sevmek" sözü yerinde değildir, bir yavanlık gelir o söze: Monsieur Gide bütün insanlara dikkat eder, merak eder insanları. Mektuplarının bazılarını, "attentivement à vous" diye bitirir. "Dikkatle...": Monsieur Gide'in kişiliğini, sanatını en iyi gösteren söz bence budur. *Œdipe*'in başına Sophokles'in şu sözünü koymuştu: "Tanrıların yarattıkları arasında hayranlığa lâyık çok şey vardır, ama en lâyık olanı insandır." İnsanlar karşısındaki davranışı sevmekten çok üstündür, hayrandır onlara. Duygulariyle, gönlüyle sevmez onları, düşüncesiyle, kafasıyla sever, yaradılışının bir eğilimiyle, duyganlıkla gitmemiştir onlara, onlara gitmek gerektiğini anladığı için gitmiştir. Bütün hallerini görmeğe, anlamağa çalışır. Bunun için de kendi haline çok bakmış, her şeyden önce kendine dikkat etmiştir. *Günce*'sini, yâni *Journal*'ini bunun için yazmıştır. Monsieur Gide'in güncesi başka yazarlarınkine benzemez. Öteki yazarlar birtakım düşüncelerini, buluşlarını, sonradan kullanmak üzere, kâğıda iliştiriverirler, yahut kendilerini savunur, över, ne büyük bir insan olduklarını belirtmek isterler. Monsieur Gide'in böyle bir dileği yoktur, o, güncesinde kendini, André Gide denilen insanı, bütün halleriyle anlatmağa çalışır. Bunun içindir o güncede, nasıl söyliyeyim, bir çeşit nesnel öznellik, *subjectivité objective* vardır. Bu, Monsieur Gide'in bütün eserlerinde görülür. Nesnel olmağa özenir, ama kişinin kendi özünden büsbütün çıkamıyacağını, ne denli uğraşırsa uğraşsın benliğinden kurtulamıyacağını bilir.

Hep güzel biçimler yaratmağa çalışır, her şeyden önce bir sanat adamıdır da onun için. Bir yerde "Eserlerimin ancak sanat bakımından, güzellik bakımından yargılanmasını isterim" der. Bir de şöyle bir sözü vardır: "Sen ancak kusursuz biçimler kurmağa bak, öz kendiliğinden gelir. Güzel bir ev kiracısız kalmıyacağı gibi, güzel bir biçim de mânâsız kalmaz, okuyanlar getirir onu. Biçimi böyle önemlemek de gene o nesnel öznelliğin bir ürünü değil midir? Güzel biçimlere bakacak, onları kendi içinizdekilerle dolduracaksınız yahut o güzel biçimler sizin içinizde birtakım yankılar uyandıracak, benliğinize işliyecek, genişletip zenginleştirecek. Bunun içindir ki Monsieur Gide'in herhangi bir kitabını, herhangi bir yazısını okuduktan sonra, iyice anlamamış olsanız dahi, size birçok şeyler söylediğini sezersiniz. Tüketilmez onun kitapları, bir daha, bir daha okursunuz, her seferinde de yeni bir şey bulursunuz. Onun eseri üzerine yazılanları okuyun, hepsi de ayrı bir yanını söyler, hiçbiri Monsieur Gide'i şöyle toplu olarak gösteremez. Onun eserini toplu olarak gösterecek gene ancak kendi eseri, kendi eserinin bütünüdür de onun için. *Ey Nathanaël! Monsieur Gide'i kendi eserinden başka bir yerde, kendi eserinin bütününden başka bir yerde bulmağa özenme.* Durmaz bir yerde. Bir kitabında gördüğümüz onun ancak bir yüzü, bir yanıdır. İlkçağ insanlarının düşündükleri Proteus tanrı gibidir, kılıktan kılığa girer, değişir, gene de hep kendisidir, özü hep o özdür. Seçmek istemez, seçmeğe katlanamaz. "La nécessité de choisir me devint insupportable." Bunun içindir ki seçenler, bir yanı seçip ona bağlananlar, Monsieur Gide'i anlıyamamışlardır, onunla uzlaşamazlar. Maurice Barrès'in "Nereye varmak ister bu Gide?" demesini düşünün... Monsieur Gide bir yere varmak istiyen adamlardan değildir, bir yere varmak istemenin, bir yerde kalmak istemek olduğunu bilirdi de onun için. Bu bakımdan Goethe'nin "Hiçbir halde kalmamak, her hale geçmek" dileğini gerçekleştirmiştir.

Monsieur Gide'in eleştirmeciliği üzerinde de durmak âdettir. Son elli yılın Fıransız eleştirmecileri içinde en büyüklerinden biri olduğunda şüphe yoktur. Birçok değerleri o bulmuş, birçok değerleri o yetiştirmiştir. *La Nouvelle Revue Française* yalnız Fıransız edebiyatında değil, bütün dünya edebiyatında, bütün dünya düşüncesinde bir çığır açmıştır. O dergi, o derginin özü Monsieur Gide'in eseridir. *La Nouvelle Revue Française* toplum işlerinde olsun, sadece edebiyat işlerinde olsun, yalnız bir yanı tutmazdı. O dergide bir Alain'le bir Ghéon yan yana yazabilirlerdi. Ancak biribirlerine uymıyan, görüşleri, inanları biribirlerininkinden büsbütün başka olan o insanlar arasında gene bir birlik olduğu sezilir ki bu da edebiyatı, fikir işlerini ciddiye almaktır. O dergide yazanlar için yazmak bir eğlence değildi, hepsinin de edebiyatı, fikir işlerini kendilerine dert edinmiş insanlar olduğu belliydi. İşte bu, Monsieur Gide'in eleştirmecilikte, yetiştirici eleştirmecilikte başlıca eseridir. Onun eleştirme alanında ne yaptığını anlamak için kendi yazılarını, *Prétextes, Nouveaux Prétextes, Divers, Incidences* gibi kitaplarını okumak yetmez, bütün *La Nouvelle Revue Française* akımını incelemek gerektir. O derginin önemini belirtmek için bir tek olayı söylemek yeter: Marcel Proust kendisinin de o akımdan sayılması, eserinin o dergiyi çıkaran yayınevine alınması için âdeta yalvarmıştır. Denebilir ki bugünkü Fıransız edebiyatının bütün büyük yazarları az çok o akıma bağlanmışlardır. Monsieur Gide'in eleştirmecilikte büyük eserlerinden biri de edebiyatı, *Symboliste*'lerin dar âleminden kurtarıp açık havaya, gerçek dünyaya çıkarmış olmasıdır. Büğün ben yaşta olanların hepimiz Remy de

Gourmont'a hayran olduğumuzu unutamayız, bizi o yetiştirdi, onun etkisini inkâra kalkamayız. Ama Remy de Gourmont'un görüşünün, sanat anlayışının bunaltıcı bir hava olduğunu bize Monsieur Gide sezdirdi. Monsieur Gide sanatın, edebiyatın kendisine, özü dışında bir ödev yüklenmesini mi istedi? Hayır. Sanatın, edebiyatın özgürlüğünü onun kadar savunmuş adam azdır. Ama *Symboliste*'ler, Remy de Gourmont, sanata, edebiyata gerçeğin dışında diye bakarlar, bir düş acunu diye görürler. Onların görüşünü Bay Yahya Kemal bir rubaisinde çok iyi özetlemiştir:

> *Hapseyledi şehzadeyi zalim pederi*
> *Bir kasra ki gözler göremez gökle yeri.*
> *Aksetti o kasrın der ü divarından*
> *Her saniye Bin Bir Gece efsaneleri.*

Monsieur Gide işte bu görüşe karşı çıkmıştır: sanatı, edebiyatı hayata getirdi, sanat adamlarını hayata bakmağa çağırdı. Onun yetiştirdiği yazarlar, düşünceleri, duyguları biribirininkinden ne denli ayrı olursa olsun, bu bakımdan birleşirler. Monsieur Gide ile edebiyat, hayattaki yerini, *Symboliste*'lerin küçümseyip âdetâ kaçındıkları eski yerini gene istemiş, gene almıştır.

Üzüldüm öldüğüne, yaşlanmışsa da genç kalmış olduğunu bildiğim için daha başka eserler vereceğini umuyordum. Seksenine yakın yazdığı *Thésée*'sinde hiçbir yorgunluk göstermez. Hep o canlı deyiş, söylediğinden çok daha ötesini sezdiren, düşünceyi işletip yankılar uyandıran deyiş... Gene de durmamıştı, çalışıyor, yazıyordu.

Ölmesi bir bakımdan da iyi oldu: yeniler arasında ona bir tepki uyanmıştı. Büyük bir eser yaratmış, seksenini bulmuş, gene de yaşayıp duran bir insan... Yaşaması gerçek büyüklüğünün kavranılmasına belki de engel oluyordu. Artık ortada değil, öldü, zamanın tutkularından elini ayağını çekti, eseri kişioğlunun baba mirasına daha iyi karışabilecek, düşüncelerimizi, benliğimizi daha iyi besliyebilecek. Tohum çürümeli, ölmeli ki bereketli olsun.

4 Haziran

Ahmet Haşim'in bir dört haziranda öldüğünü unutmıyayım diyorum, olmuyor, her yıl gazetelerde görmesem hatırlamıyacağım. Yıldönümü tutmağa bir türlü alışamadım, ölmüşlerimizi anmak için takvimden izin mi alacağız? Mezarları başına gitmek de âdetim değildir. Çoktandır annemle babamı, kardeşlerimi de "ziyaret" etmedim, bir mezar başında okumadan öyle durmak beni sıkıyor, okumak da bir yalan olur benim için... Ölmüşlerimizi niçin kara toprakta aramalı? Bizim içimizde, gönlümüzde değil mi onlar? Kaç kere birlikte gittiğimiz şu yolun üzerinde belirmiyorlar mı birdenbire? Ahmet Haşim'i Kadıköyü'nde, Bâbıâli yokuşunda, vapurda, kayıkta, her yerde görüyorum da Eyüpsultan mezarlığında göremiyorum. Oraya bir gün bir tabut götürdük, ben o tabutu tanımazdım ki!.. Bir gün biz de bir tabuta sokulup bir mezara gideceğiz, sağken yaşamağa, ürpermelerimize aldırmaksızın akan zamanı hayalimizde durdurup ölmüşlerimizi de bizimle yaşatmağa bakalım.

Bir acayip adamdı Ahmet Haşim. Çabucak kızar, insana günlerce, aylarca küserdi. Bana darılmasın diye elimden geleni yaptım, gene de iki kere dargınlık çıkardı. Neye, niçin öfkelenir, bilinmezdi. Âdet edinmişti kızıp darılmayı. Öfkelenmek onun için yemek gibi, uyumak gibi bir ihtiyaçtı. Ancak son günlerinde yumuşamıştı. La Bruyère söylemiş: insan ölümlü bir hastalığa tutulunca hınçlarını, garazlarını unuturmuş, kinlerimizin silinmesi ölümün en yanılmaz habercisiymiş. Helâllaşmak ihtiyacı şüphesiz ondan doğuyor. Ama Ahmet Haşim o günlerinde de bir kolayını bulup iki kişiyle darıldı, oysaki birini pek severdi.

Öleceğini anlamıştı da ne üzülürdü! üzülmez olur mu? Bu güzelim dünyayı bırakmak katlanılır iş mi? Bizlerden saklardı ama sonra duyup öğrendik: Tanrıdan şifa dilemek için sabah ezanında minarelerde çamaşırlarını bile dolaştırtmış. Gülmüyorum o haline, acımıyorum, yaşamak sevgisi ulu, kutlu bir duygudur, insan, ömrüne bir yıl, bir yıl değil, bir gün katılması için Tanrıya da, kullara da yalvarabilir, yalvardığı için de küçülmez. Şimdi düşünüyorum da Ahmet Haşim'de bayıldığımız o canlılık belki de hayata o kadar bağlı olmasından geliyordu diyorum.

Ahmet Haşim'in kendi içine büzülmüş, dış âleme bakmaktan hoşlanmaz bir adam olduğunu söyliyenler vardır. Ancak şiirinde öyleydi. Yoksa gündelik hayatında başka insanlara, bütün topluma onun kadar değer veren adam az gördüm. Şu ne demiş? Bu ne demiş? Hep sorar dururdu. Bir kimsenin, en anlaşamıyacağı bir kimsenin bile kendini beğenmemesine katlanamazdı, büyük bir şair, büyük bir yazar olduğu herkesçe kabul edilsin isterdi.

Gerçekten büyük bir şair, büyük bir yazar mıydı? Orasını bilmiyorum, zaman gösterecektir. Ama öyle sanıyorum ki büyük bir şair, büyük bir yazar olduğunda kendinin de çok şüphesi vardı. Şüphesi olmasa başkalarının ne düşündüklerini o kadar merak eder miydi? Nereden geliyordu o şüphe? Ahmet Haşim'in şiiri, edebiyatı, kendi şiiri, kendi edebiyatı değildi de ondan gelirdi. Yazdığı şiirleri yazmak içinden doğmazdı, boyuna arar, iyi şiirin nasıl olması gerektiğini kitaplardan öğrenmek isterdi. Her okuduğu da bütün düşüncelerini, bütün benliğini sarıverirdi. Yazdıklarına bakın, birbirine pek benzemez birçok şiirler görürsünüz. "Şi'r-i Kamer"i yazan şairle "Serbest Müstezatlar"ı, sonra "Parıltı"yı, "Şafakta"yı yazan şair bir midir? Ahmet Haşim hiçbir zaman kendi şiirini, şöyle içinden doğan, yazılması kendisi için bir ihtiyaç olan şiiri bulamadı. Güzel şiirler, yâni benim güzel bulduğum, çok sevdiğim şiirler söyledi, ama şairlik sanki geçiciydi onda. Bütün ömrünü şiiri, doğru yolu aramakla geçirdi, kendini aramadı. Bunun içindir ki eserinde bir akıl havası eser, aklın çabalaması sezilir. Bunu söylerken Ahmet Haşim'i, örneğin bir Paul Valéry'ye benzetmek istiyorum sanmayın. Paul Valéry akla inanmıştır, aklın şiirini yaratmak ister. Ahmet Haşim ise güzel neye inanacağını aklı ile bulmağa çalışır. Aklı, bir şiir, sanat gereci olarak almaz, şiiri bulmağa bir araç diye kullanır. Akıl bir yerde duramaz, bir şeyi buldu mu, başka bir şeyi bulmak ister, bir yaptığını yıktığı da olur. Ahmet Haşim'in bir şiirde duramaması, oradan oraya geçmesi bence hep bunun içindir.

Şiirini içeriden duymayıp dışarıdan bulduğunu kendi de gizlemezdi. "Kitapçıya şiir kitabı almağa gitmiştim, Henri de Régnier'nin kitabını buldum, okudum, o yüzden *Symboliste* oldum" derdi. Ama Ahmet Haşim Henri de Régnier'de kalmadı. Durmak belki iyi bir şey değildir, bir çeşit ölümdür, ancak bu kadar değişmek de iyi olamaz, insanın bir eser başarmasına engel olur. Ahmet Haşim'in de birkaç şiiri, birkaç çok güzel şiiri vardır, ama tam bir eser bırakmıştır denilemez.

Kendisinin *Symboliste* bir şair olduğunu söyler, *Symbolisme* diye bir çığır bulunduğuna inanırdı. Oysaki öyle bir şey yoktur. Fıransa'da bir zamanlar biribirine benzemez, ancak hepsi de şiirde yeni yollar deniyen şairlerin topuna birden *Symboliste*'ler denilmiş. Birleştikleri tek nokta, yerleşmiş, yayılmış, yerleşip yayıldıkları için de eskimiş, yıpranmış şiir konularını, kalıplarını aşmak, yeniyi bulmak hevesiydi. Bu yenilik ihtiyacı, *sevda*'sı Ahmet Haşim'de de göze çarpar: her yeniliği beğenmeğe, tutmağa hazırdı. Ama yeni şiire Baudelaire kapısından, Verlaine, Mallarmé, Rimbaud kapısından değil, Régnier gibi küçük *Symboliste*'lerin kapısından girmişti. Çabucak eskiyiveren, eskiyle karışıp kaybolan bir yenilik.

Henri de Régnier'nin şiirini gençliğimizde hepimiz sevdik, gene de hoşlandığımız olur. Ama o şiire gerçekten yaratıcı bir şairin eseridir denilemez. Ahmet Haşim onun ilk şiirlerini çok sevdiği halde en büyük erdemini, asıl erdemini, göremedi. Henri de Régnier'de bir dil sevgisi, Fıransızca sevgisi vardır: tertemiz, ahenkli, milletin yüzyıllar boyunca kendini gösteren beğenisine uygun bir dille yazmak ister. Ahmet Haşim bunu kavrasaydı kendi de öyle bir Türkçe ile yazmağa çalışırdı. Dili bizim dilimiz değildi. Ne konuştuğumuz dil, ne de büyük şairlerimizin istedikleri dil. Ahmet Haşim'in dili ahenksizdir demek istemiyorum, onun da bir düzeni vardır, ama bizim bildiğimiz Türkçe değildir, yapma bir dildir. Şair elbette kendi dilini kurabilir, kurmalıdır da. Ancak kendisinde o dili kabul ettirmek, yaymak gücü de bulunmalıdır. Yoktu Ahmet Haşim'de o güç. Niçin? Özü zayıf bir şair miydi? Hiç de öyle olmadığını sanıyorum, tam tersine, güçlü, iyi bir şair olduğunu sanıyorum. Ama ne bulursa okuyan, Uzakdoğu şairlerini bile merak eden Ahmet Haşim bizim şairlerimizi okumazdı. Fuzuli gibi Bağdatlı olmakla övünürdü, gene de açıp okumazdı Fuzuli'yi. Öyle sanıyorum ki Baki Efendi'yi hiç bilmezdi. Gözü hep dışarıdaydı. Şair yeni bir dil yaratabilir, ama bunun için gereken gücü ancak gelenekten alır. Geleneği bilecektir, geleneği aşmak, genişletmek, geleneği bilmeden olmaz. Ahmet Haşim'in gözü hep dışarıda olmasını, Fıransız şairlerine öykünmesini bir suç saymıyorum. Yalnız kendi geleneğinin sınırları içinde kapalı kalan, dışarıyı merak etmiyen şair geleneğin tutsağıdır, bir şey yaratmaz, hep söylenmiş olanlardan başka bir şey söyliyemez. Her edebiyat dışarıdan gelen havanın işlemesiyle büyür, genişler, canlanır. Bizim büyük şairlerimiz de hep dışarıya, İran'a bakmışlardır. Ama onlar İran şairlerinde gördüklerini bize mal etmişlerdir, bir Türkçe zevki, Türkçe sevgisi vardır onlarda. Ahmet Haşim ise dışarıdan aldıklarına bizim damgamızı vuramamıştır. Nasılsa, nedense Türkçe yazmış bir Fıransız şairi sanırsınız. Biliyorum, bu suç Ahmet Haşim'in değil, yaşadığı zamanın suçudur. O yıllarda yaşamış şairlerimizin hangisinde gerçekten Türkçe zevki bulabilirsiniz? İşte Tevfik Fikret, Cenap Şahabettin... Hiçbirinin Türk dilinde yaşıyabileceğini sanmıyorum. Bir çağın edebiyatını, Türk edebiyatı tarihini incelemek istiyenler onları elbette okuyacak, anlatacaklardır, ama bir şiir okumak istedikleri zaman *Rübâb-ı Şikeste*'yi yahut Cenap Şahabettin'in şiirlerini açacak kimseler bulunacağını sanmıyorum. Biz büğün Karacaoğlan'ı, Köroğlu'nundur denilen şiirleri, Bayburtlu Zihni'yi okuyabiliyoruz, Fuzuli'yi, Baki'yi, Nedim'i, Galip'i okuyabiliyoruz, hepsinin şiirlerinde duygularımıza uyacak mısralar buluyoruz, ama en çok onlarda bizim zevkimize uygun, bizim zevkimizle yoğrulmuş bir dil bulabildiğimiz için okuyoruz. Edebiyat-ı Cedide şairleri öyle okunamaz. Ahmet Haşim'i çok sevdiğim için şiirinin o sonuçtan kurtulabilmesini isterdim, ama doğrusunu söyliyeyim, hiç ummuyorum. Edebiyat-ı Cedidecilerin hepsinden üstündür, "O Belde", "Parıltı", "Şafakta", hele "Seherde Bülbül" gibi çok güzel, içimize bir aydınlık getiren şiirleri vardır, ama dilleri yüzünden o şiirler de ancak edebiyat kitaplarında kalacaktır.

Öyle sanıyorum gelecek yüzyıllarda Ahmet Haşim'in kitabını açacak şiir meraklılarının önce gözleri kamaşacak, o şiiri yeniden tanıtmak istiyecekler, ama başaramıyacaklar o işi. Çünkü bizim şiirimiz değil, büyük yolun üzerinde değil, babası da, oğulları da olmıyan öyle yapayalnız bir şiir. Acayip çiçekleri, acayip kuşlariyle insanı çeken, ama havasızlığıyle çabucak bunaltan bir bahçe. Onun da elbette var bir havası. Havası olmasa o kuşlar, o çiçekler yaşar mıydı? Ama bizim alıştığımız, alışabileceğimiz bir hava değil.

Bir acayip adamdı Ahmet Haşim, edebiyatımızda da bir acayip şair oldu. Ne büsbütün sevip benimsiyebiliyoruz, ne de büsbütün geçebiliyoruz ondan...

Bu yazımı okuyanlar arasında benim Ahmet Haşim'i kötülemek istediğimi, onun şiirinden duyduğum zevki inkâra kalktığımı sananlar olacaktır. Öyle sansınlar! bu satırlardaki acıyı, sevgiyi duymazlarsa, ben duyuramamışsam ne yapayım? Ahmet Haşim'i insan olarak da, şair olarak da çok severdim, gene de severim, ancak düşüncelerim yavaş yavaş bana onun acayip bir şair olduğunu gösterdi. Acayip bir şair demek, değersiz bir şair demek değildir.

Abdülhak Hâmit

Yüz yıl olmuş Abdülhak Hâmit Bey doğalı; dergilerde, günlerce yaşlı, genç nice sanat erlerimiz sayfalar, sütunlar dolduruyor. Birini okumuyorum o yazıların, anlamam da onun için. Ayrı bir edebiyattır o, birtakım düşünceleri, doğruları bildirmeğe çalışmaz, parlak buluşlara özenir; okuyanların dinliyenlerin inanmalarını değil, cinaslar, teşbihler altında afallayıp kendilerinden geçmelerini ister. Örneğin: "Abdülhak Hâmit Bebek'te doğdu, ölünceye kadar da bir bebek kaldı" dediniz mi, o edebiyatı tutanlar bayılır, alkışlarlar sizi. Biri de, daha eskiden, "Shakespeare'in bazan bizim Hâmit'imize yaklaştığı olur" demişti de bu sözü pek beğenilmişti. Büğün de öyle lâkırdılar ediyorlardır, ne diye okuyayım?

Bilirsiniz, sevmem Abdülhak Hâmit'i. Yıllardır kitaplarının hiçbirini açıp okumadım, açıp okumak ihtiyacını duymadım. Yalnız ben miyim o ihtiyacı duymıyan? Diyelim ki siz duydunuz, ne yapacaksınız? Gidip arayın kitapçılarda, bakalım bulabiliyor musunuz? Ne mi gösterir bu? Ne gösterecek? Abdülhak Hâmit Bey'in artık okunmıyan bir şair olduğunu gösterir. Ne ben okuyorum, ne siz, ne öteki. En büyük şairmiş, "şair-i a'zam", dâhi imiş, daha bilmem neler. O kadar büyük bir şairse, ne duruyorlar? Bastırsınlar onun kitaplarını. Dili anlaşılmaz diye çekiniyorlarsa, kolay, her satırın karşısına yazıverirler mânâsını. Bu zamanın gençleri Fuzuli'nin, Baki'nin dilini de anlamıyorlar, ama o şairlerden bir iki gazel okuyup şöyle biraz anlattınız mı, gözleri gülüyor, dinliyorlar, hiç olmazsa kulaklarına hoş bir ses geliyor. Bir de Abdülhak Hâmit Bey'den okuyun, bakın dinletebilir misiniz?

> *Medhinde, Hâmit, ey şâh! ilhâmlar o gerektir.*
> *Ta'rifi yerde bitmez arşa çıkan kibârın.*[1]

Bu ne böyle? Ne demek bu? Hani beyitlerinin en kötüsünü de seçmedim, "Merkad-i Fatihi Ziyaret"ten, en ünlü şiirlerinin birinden. Bunda, aruzun tıkırtısından başka bir ahenk mi var?

Kimsenin zevkine karışacak değilim. Bilirim, benim hoşlanmadığım bir şairi başka biri sevebilir. İşte Mehmet Âkif. Ben: "Nesini beğeniyorsunuz onun?" dedim mi, karşımdakiler uzun uzun şiirlerini okuyorlar, coşuyorlar o şiirlerle. Abdülhak Hâmit Bey için öyle değil, kimse bilmiyor onun şiirlerini, kimse okumuyor artık. Dahası var: ünlü yazarlarımızdan biri bir gün, Abdülhak Hâmit'i anmak için yapılan bir törende söz söyliyecekmiş, "öveceğim o adamı, bari bir de şiirini okuyayım" demiş, taramış, şöyle insan içine çıkarılacak bir şeyini bulamamış...

Hayır, yalnız ben değilim onu beğenmiyen, sevmiyen, hemen kimse beğenmiyor o şairi, sevmiyor. Beğenselerdi, sevselerdi, beğenilip sevilecek bir şair olduğuna inansalardı tanıtırlardı onu, bastırırlardı kitaplarını, hiç değilse bir "seçme" yaparlardı da onu çıkarırlardı. Giderek Abdülhak Hâmit Bey bir efsane insanı olacak, adı var, hayatı anlatılır, ortada şiiri yok... Böyle büyük şair olmaz, kendilerini de, kimseyi de kandırmağa kalkışmasınlar. Yazıktır büğünün çocuklarına, ezbere körükörüne hayran olmağa alıştırmıyalım onları. Birini büyük şair diye tanıtmak mı istiyoruz? Koyalım eserini ortaya, anlatalım, çocuklarımız okusun o kitapları, o şairin büyük olup olmadığını kendileri söylesin. Bizim ağzımızdan kapıp da: "Abdülhak Hâmit Bey büyük şairdir" demesinler, bilmedikleri, anlamadıkları, anlamıyacakları şeylere inanmağa sürüklemiş oluruz onları, bir ülke için de bundan büyük kötülük olamaz.

Dâhi imiş Abdülhak Hâmit Bey... Ben bilmem "dâhi" ne demektir. Goethe: "Dehâ, özenip uzun uzun çalışmaktır" gibi

---

1 Bu beyit doğru değilmiş. Aramıyacağım şimdi doğrusunu.

bir şey söylemiş. Öyle ise, dehâ, kendini bir şeye verip uzun uzun çalışmaksa, Abdülhak Hâmit Bey'de yoktur o. Hangi eserine uzun uzun çalışmıştır, hangi eseri üzerinde uzun uzun düşünmüştür? Yazdıklarının biribirini tutmasına bile pek bakmaz, vezin hatırı için, kafiye hatırı için söyler durur:

> *Kanlar akarak cerihasından,*
> *Emreyledi kim karihasından...*

Ceriha'nın da lüzumu yok burada, kariha'nın da; işi kolayına getiriyor, uzun uzun çalışmak şöyle dursun, bir parçacık bile düşünmüyor, aklına eseni yazıyor. Dâhi şair, büyük şair değil, şöyle orta halli şair bile yazdıklarına bir çekidüzen vermeğe çalışır, yaratmanın, her dilimizin ucuna geleni yazmak değil, bir şekil kaygısı ile kurmak demek olduğunu bilir. Ama bizde, hele son yüzyıl içinde, çalışmadan, özenmeden birtakım lâkırdılar etmek, insanın büyük şair olduğunu gösterir. Erenlerin sağı solu olmazmış, şairin de düşünüp incelemesi olmıyacak... Ne yapalım ki sanat, erenlerin değil, sağı solu olanların, yâni ne yaptıklarını bilerek yapanların işidir. Biz kalkarız da bir adamı "anadan doğma şair" diye överiz. Böyle sözleri söyliye söyliye sonunda, "anadan doğma bilginler" de yetiştirmeğe başladık.

Sevmem Abdülhak Hâmit Bey'i, böyle düşünüp incelemeden yazdığı için sevmem, edebiyatın birtakım düşünceleri, doğruları bildirmeğe değil, birtakım parlak buluşlara özenen bir iş olduğunu sandırdığı için sevmem. Boyuna yukarıdan atar, büyük şair yükseklerde dolaşırmış da onun için...

Abdülhak Hâmit Bey gibi şairlerin, edebiyatçıların büyük kötülüğü dokunmuştur bu ülkeye. Bu ulus, bu ülke, 1800 yılından beri, Batı'ya yönelmiş, Batı düşüncelerine, Batı kurumlarına susamış. Abdülhak Hâmit Bey de, onun gibi şairler, yazarlar da bize Batı'dan çok şey getirebilirlermiş, biraz özenseler, Batı acununun en büyük eserlerini okuyup bize onların özünü sunabilirlermiş: Şinasi gibi, Vefik Paşa gibi. Yapmamışlar bunu, bir Doğulu gözü ile bakmışlar Batı'ya, bu ülkeye Batı'nın elmaslarını değil, boncuklarını, Doğulunun süslerini andıran boncukları getirmişler, bir sarsmamışlar bu ulusu. Kolayca Avrupalı olmağa kalkmışlar, kendilerinin birer Avrupalı olduklarına inandırmışlar, bu ülkenin insanları da Avrupalılığı onların alafrangalığı ile bir tutmuş, Avrupalılar için de: "Aldanma ki şair sözü elbette yalandır" sözünün doğru olduğunu, onlarda da şairin sadece parlak buluşlara özendiğini sanmışlar. Şimdi biz, her şeyden önce, o edebiyatın, Abdülhak Hâmit Bey edebiyatının gerçek Avrupa edebiyatı ile bir ilişiği, bir benzerliği olmadığını öğretmek zorundayız. Bizde bir alafranga edebiyat olmasaydı bu iş belki de kolay olurdu; alafranga edebiyat, Abdülhak Hâmit Bey edebiyatı, bu ülkeye düzmece bir Avrupa edebiyatı getirerek bizde gerçek Batı medeniyetinin yerleşmesini geciktirmişlerdir.

Gerçek ile Doğru

Bizim gençliğimizde, devrimden önce, bir söz dolaşırdı dillerde: "Bizde tiyatro yazılamaz, kadın erkekten kaçıyor da onun için!" Kızardım bu söze. Böyle düşünenler tiyatronun, sanatın ne demek olduğunu anlamazlar. Onların kafasında tiyatronun konuları bellidir: kadın erkek bir salonda toplanılacak, erkeklerden biri evli bir kadını baştan çıkarmağa çalışacak, muradına erecek, böylece ya acıklı, ya gülünç bir durum olacak. Tiyatroda geçen olayların da hayattaki olaylara benzemesi gerek... O sırada bizde tiyatro, yeni tiyatro denince akla Fıransızların Bataille, Bernstein, Hervieu, Coolus gibi bayağıdan epeyce aşağı yazarlarının eserleri gelirdi. Bir gün oyuncularımızdan birine: "Bunları oynuyorsunuz, beğenenler bulunuyor, peki ama neden doğrudan doğruya çevirtmiyorsunuz Türkçeye? Kişilerin adlarını değiştiriyorsunuz, Türk yaşayışına uysun istiyorsunuz, daha kötü, daha acayip oluyor" demiştim. "Olduğu gibi bırakamayız, sonra biz frak gibi, smokin gibi elbiseler giymek zorunda kalırız, oysaki iyi giyemiyoruz o elbiseleri, kendimize yakıştıramıyoruz" dedi. Şaşırdım kaldım: tiyatro sanatında frakın, smokinin bu kadar önemi olacağını düşünemezdim.

Bu görüş, iki yanlış düşünceden, biribirinden yanlış iki düşünceden doğardı: biri, tiyatronun belirli konuları olduğu düşüncesi. Öyle bir şey yoktur: tiyatro yazarı 1900 yıllarındaki Fıransız yazarlarının seçtikleri konuları işlemek zorunda değildir. Tiyatroda aşk olmasa da olur. Tiyatro yazarı, toplumun yaşayışını bir tiyatro halinde gören insandır, romancı bir roman halinde gördüğü gibi. Bizde o yıllarda yerli tiyatro eseri yazılamaması, kadının erkekten kaçması yüzünden değil, toplumun yaşayışını tiyatro halinde gören yazarımız bulunmaması yüzündendi. Bir Türk tiyatrosu düşünecek yazar bulunmaması yüzündendi. Yerli oyunlar yazmağa çalışan bir iki yazarımız da 1900 yılları Fıransız tiyatro yazarlarına uyuyor, sevda hikâyelerini kardeş çocukları arasında geçiriyorlardı. Hepsi de sahte eserlerdi: ne bizim yaşayışımız vardı onlarda, ne de bizim kişilerimiz. Şimdi hepsi de unutuldu, bir tanesini oynasalar, öyle sanıyorum ki sonuna kadar oturup dinliyemezsiniz.

    İkinci yanlış, tiyatroda geçen olayların hayattaki olaylara benzemesi gerektiğini sanmaktı. Tiyatro benzemez hayata, roman da benzemez. Tiyatronun, romanın hayatı anlatması büsbütün başka bir şeydir. Öyle tiyatro eserleri, öyle romanlar vardır ki bir hayal âleminde geçer, olayları hayatta eşleri görülmiyecek olaylardır, gene de kişiye: "Ne kadar doğru bu! işte, insanoğlunun özünü gösteriyor!" dedirtir. Tiyatro yazarı, roman yazarı hayatın olaylarını bir sanat acununa götürebilen, o olaylara hiç benzemez olaylar arasında sezdirebilen, doğru diye kabul ettirebilen bir kişidir. Sanat eserinin, büyük sanat eserlerinin bir çıplaklığı vardır: hayattaki olayları süslerinden, katıklarından, gereksiz neleri varsa hepsinden soyar, bir iki çizgi ile gösteriverir. Molière, dünyanın en gerçekçi, *réaliste* yazarlarından biridir, ama onun kişilerini, Alceste'i, Tartuffe'ü, Harpagon'u, Trissotin'i, Monsieur Jourdain'i hayatta bulamazsınız. Orgon masanın altına saklanacak da Tartuffe'ün kadına aşk sözü etmesini dinliyecek!.. Harpagon kendini bir yabancı sanacak da hırsız diye kolundan yakalıyacak!.. Hayatta böyle olaylarla karşılaşamazsınız, bunlar ancak sahne üzerinde olur. Ama doğru değil midir? Hayatta gördüğünüz olaylardan daha doğrudur, insanoğlunun özünü anlatır da onun için. Gerçekçi sanat adamı gerçekte ne görüyorsa onun tıpkısını yapmağa kalkan adam değildir, gerçeği bize duyuran adamdır. Fabrice del Dongo'yu, Julien Sorel'i, Madame de Mortsauf'u, Louise de Chalieu'yü de hayatta, Stendhal'in, Balzac'ın romanlarındaki gibi bulamazsınız. Gerçeğin tıpkısını yapmağa kalkmak sanat adamının işi değildir.

Gerçeğin tıpkısını yaptınız mı, gerçeği gösterebilir misiniz sanki? Nice tiyatro eserleri, romanlar, hikâyeler vardır, anlattıkları olayların hepsi de gerçekte olabilir, belki olmuştur, ama hiçbiri inandıramaz sizi, onları dinlerken, okurken: "Hayır, böyle insan olmaz, bu kişiler yaşamıyor, doğruluk yok bunlarda" dersiniz.

Büğünkü sanat adamlarımızın çoğu bunu, bu doğruları düşünmedikleri içindir ki bizde tiyatroyu, romanı, hikâyeyi gerçekten ilerletemiyorlar.

Neden yazdım bunları? Söyliyeyim. Geçenlerde bir hikâyecimizle karşılaştım. Ne yapacaksınız adını? Ancak şunu bilin: benim beğendiğim, sevdiğim yazarlardan biridir. Bir iki kitabından çok hoşlandım. Son aylarda yazdığı bir hikâyesini ise beğenmemiştim. Söyledim kendisine: "Kandırmadı beni, gerçekliği, doğruluğu yok anlattığınız kişilerin, siz o hikâyeyi bir düşünceyi savunmak için yazmışsınız" dedim. Yukarıdan bir baktı bana: "O olay gerçekte de tam benim hikâyemde anlattığım gibi geçmiştir" dedi...

Belki doğrudur söylediği. Ne yapayım ki hikâyesi beni kandıramadı, bana doğruluğunu sezdiremedi. Gerçeğin tıpkısı ise dahi doğrunun tıpkısı değil, yaşamıyor onun anlattığı kişiler, birer kukla gibi çıkıyorlar önümüze, gene birer kukla gibi çekiliyorlar.

Bir de şunu düşündüm: ne biliyor o yazar o olayın gerçekte tıpkı öyle geçtiğini? Thukydides'in sözü aklıma geldi: "Ben bu kitapta gözlerimle gördüklerimi anlatıyorum, ama belki yanlış görmüşümdür" dermiş. O yazar ise kendi gözlerinden, kendi görmesinden hiç şüphe etmiyor. Bana insanların içini anlatacak, en gizli duygularını, düşüncelerini, belki kendilerinin de iyice kavrıyamadıkları duygularını, düşüncelerini sezdirecek, bunun için sadece gördüklerini, işittiklerini olduğu gibi yazmakla yetinecek... Demek ki anlamıyor sanatının ne olduğunu.

Hikâye, roman yazmak, tiyatro eseri yazmak sadece gördüklerimizi, işittiklerimizi olduğu gibi kâğıda dökmek olsaydı, hepimiz de birer hikâyeci, tiyatrocu olurduk. Bizim gözlerimizin önünde de günde birçok olaylar geçiyor, biz de hayatımızda biribirini sevenler, biribirinden nefret edenler, biribiriyle kavga edenler, dövüşenler görüyoruz. Onları olduğu gibi anlatmakla iş bitiverir mi? Bir deneyin isterseniz, görürsünüz ki ne gerçek bulunur yazınızda, ne de doğru. Sanat, gerçeğin tıpkısını çıkarmak değildir, buna özenenler sanatın özünü anlamıyorlar demektir. Bir zamanlar Fıransa'da "tranche de vie" (hayattan bir dilim) yazmak istiyenler vardı, hiçbirinden bir şey kalmadı.

Okumak

Bir köydeydim geçenlerde. Öğretmenle konuştum: "Ne okursunuz?" diye sordum. Ne okuyacak, ders kitaplarını okuyor. Sonra köylerde okula giden çocukları düşündüm: neye yarıyor okumaları? Okulu bitiriveriyorlar, içlerinden kasabaya, ortaokula gidenler oluyor belki. Ya ötekiler? Onlar ne yapıyor?

Biz ilkokul öğretimini, yazıyı şöyle böyle söküp bir parça da hesap yapabilmeyi yeter bir şey sanıyoruz. Okumanın bir büyüsü olduğuna, insanoğlunu ilerletivereceğine mi inanıyoruz nedir? Bir kişi eline bir kitap, ya bir gazete alıp da zorla birkaç satırını okuyabildi mi, iş olup bitiyor, değil mi? Bakalım anlıyor mu o okuduğunu? Ona da aldırmıyoruz. Sonra da şu kadar bin, şu kadar milyon kişiyi okuttuk diye övünüyoruz.

İlkokulda, köyünkünde olsun, şehrinkinde olsun, çocuğa okuma öğretilir, sonra o gidip kitap alsın, bilgisini kendi kendine ilerletsin... Dile kolay bunu söylemek! ne alsın ne okusun? Sanki bol bol, ucuz ucuz kitap mı var ortada? Hem, bazı memleketlerde olduğu gibi, bir gelenek değil bizde okumak. Çocuk babasının, amcasının okuduğunu görmemiş ki kendi de özenip okusun. Olsa olsa onların, mânâsını anlamadıkları bir kitabı okuduklarını görmüş, kitap okuyarak insanın kafasını, iç âlemini zenginleştirdiğini görmemiş. İlkokulu bitiriyor, sonra bırakıyor her şeyi, üç beş yıl geçmeden belki harfleri biribirinden seçemez oluyor. Bu değildir okumak, memleketi okutmak bu değildir. Ne yapmalı öyle ise? Bana sorarsanız...

Bilirsiniz, ben de Emrullah Efendi gibi Tuba ağacı kuramına inananlardanım: bir ülkede önce yüksekokullar açılır, sonra ortaokullar, sonra da ilkokullar. Yüksekokullardan önce de düşünülecek bir şey vardır: ülkede aydınlar, seçkinler, kitap yazacak kimseler bulunmasını sağlamak. Toplumun, ulusun bir edebiyatı olur, o kitapları okumanın kişiyi yükselttiği, birtakım faydaları olduğu anlaşılır, kişiler onları okumağa özenir, bunun için de okul isterler. Siz, o edebiyat kurulmadan, o kitaplar yazılmadan köylünün kentlinin okula gitmesini istersiniz, bir işe yaramaz uğraşmanız, okutamazsınız, okutabilseniz de onların okumasından kendilerine de, topluma da bir iyilik gelmez. Ak kâğıdın üstünde kara harfleri seçebilmek bir üstünlük değildir de onun için. Onların okuyabilmelerini sağlayınca, ellerine kitap verebilmeniz, her birinin isteğine uygun kitaplar verebilmeniz gerektir. Veremezseniz, köylüsünü, kentlisini üç yıl, beş yıl boşuna sıkmış olursunuz.

 Bunun için, okulları açmadan önce, o okullardan çıkacak kimselerin okuyacakları kitaplar var mı, yok mu, onu düşünmelidir. Bizde yok. Ne yapmalı olması için? Kolay değil bunun yolunu bulmak. Ben, düşündüğüm çareyi söyledim, gene söyliyeyim: bizde bu işi devlet eline almalıdır. Devlet kitap bastırsın, bilim, şiir, hikâye, her türlüsünden kitap bastırsın, bunları ucuz ucuz dağıtsın. Böylece hem kitap yazmak istiyenleri özendirmiş olur, hem de birçok kimselerin eline kitap ulaştırır. Okur mu o kimseler? Önce okumazlar belki, ama gitgide onlarda da bir merak uyanır, okuduklarının kendilerine bir şey öğrettiğini, bir iyiliği dokunduğunu, hiç değilse eğlendirdiğini görünce onlar da okurlar, okumanın tiryakisi olurlar. İnsanoğlunun, yaradılıştan, medeniliğe eğilimi vardır. Medeniyeti gözleri önüne getirirseniz, o da anlar, alışır. Okul medeniyet değildir, sadece bir araçtır. Okula gidip okuma öğrenmenin faydalarını gösterirseniz, okul ancak o zaman bir işe yarar. Dünyayı karanlıktan, sakat düşünceden, yavuzluktan kurtaran okul değildir, büyük düşünürlerin, bilginlerin, şairlerin yazdıkları kitaplardır. O düşünürlerin, bilginlerin, şairlerin kitaplarını ortaya koymazsanız, okul hiçbir işe yaramaz.

 Bunun içindir ki ben, bu ülkede ilkokulla uğraşmadan önce, bir aydınlar sınıfı, yüksek aydınlar sınıfı kurulmasına çalışılmasını isterim. Biricik doğru yol budur. Ama bütün doğrular gibi bunu da anlıyan azdır. İnsanların çoğu, önce küçük işlerin yapılması gerektiğine inanırlar. Önce bir toplumun bütün bireyleri, yâni fertleri okuyacak, sonra o toplumda düşünürler, bilginler, şairler yetişecek... Bütün tarih, bütün ülkelerde bunun tersi olduğunu gösterir.

Şimdilik bırakalım bunu da, ne yapabiliriz, onu düşünelim. Köylerde kentlerde ilkokullar var, her yıl bunlarda yüz binlerce çocuk okuyor. Onların okulda geçirdikleri yıllardan bir iyilik görmelerini sağlamağa bakalım. Ne yapabiliriz?..

Önce öğretmeni düşünelim. İşte bir genç, bir öğretmen okulunda, yahut bir köy enstitüsünde okumuş, okulunda çalışıyor, didiniyor. Belki büyük bir sevgi ile, büyük bir heyecanla başlıyor. Ama giderek sönüyor onun da ateşi, yıllar geçtikçe öğretmenlik onun için yaratıcı bir iş olmaktan çıkıyor, çocukları gerçekten yetiştirmeğe çalışmıyor, sabahleyin okula geliyor, akşama kadar dersini veriyor, bir yandan da günün çabuk geçmesini diliyor. Kendisine verilen bir iş var, onu yapıyor. Onun dışında uğraşmıyor çocuklarla, onlara kendi bilgisini, kendi gençliğindeki ateşi aşılamağa özenmiyor. Öğretmen okulunda, köy enstitüsünde iken birtakım kitaplar okumuş, belki edebiyata, yüksek bilgiye de yükselmek istemiş, merak edip okumuş. Ama yıllardan beri kapatmış onları, geçinmenin zorlukları ile karşılaşmış. Yeni kitap aldığı, okuduğu yok. Nereden alsın? Eline geçen kaç para?

Kitap gönderin o adama. Her yıl en aşağı on kitap gönderin. Ona mesleğindeki yenilikleri bildiren kitaplar, dünyayı anlatan kitaplar, tarih kitapları, coğrafya kitapları, yerli, yabancı romanlar, hikâyeler, şiirler. Boyuna yenilesin, tazelesin bilgisini. Tazelenmiyen bilgi söner gider. Millî Eğitim Bakanlığı niçin yapmaz bunu? Yazdırtsın o kitapları, her birinden birkaç yüz bin bastırıp ilkokul öğretmenlerine dağıtsın, para da alması onlardan. Yoksa yitirir o öğretmenleri. Romanlara, hikâyelere gelince, büğün bu ülkede roman, hikâye yazan birçok genç var, onlara da yardım etmiş olur. Her yıl gazetelerde, dergilerde birçok yazı çıkıyor. İlkokul öğretmenleri onlardan da faydalanabilir. Millî Eğitim Bakanlığı o yazılar arasından seçsin, bir iki kitap yapsın, onları da dağıtsın.

Böylece öğretmenin kitaplığı kurulmuş olur. Öğretmenin kitaplığı kurulunca ilkokulu bitirmiş olanların kitaplığı da kurulur. Okulda toplanır o kitaplar, istiyenlere verilir. Hele köylerde çok büyük olur bunun iyiliği. Okul var, okulun yanında okumanın ne işe yarıyacağını gösterecek kitaplık da var. Sonra öğretmenden, köylüleri belli günlerde toplayıp kendilerine o kitapları okuyup anlatması da istenebilir.

Böylece ülkede aydınlar sınıfının da kurulup genişlemesine yardım edilmiş olur.

Yalnız bu yol mu var? Bilmiyorum. Ama kendilerine ilkokulda okuma öğretilenlerin sonradan da okumalarını sağlamağa çalışmak gerektir. Yoksa ilkokulların hiçbir faydası, iyiliği olmaz. Bir kimseye keman çalmasını öğretiyorsunuz, ama sonra eline hiçbir havanın, hiçbir ezginin notasını vermiyorsunuz, neye yarar onun yay kullanmasını öğrenmesi?

Anlamamak

Çok benim bilmediğim, anlamadığım işler, sayısız! öğrenemeden onları, kavrıyamadan, kiminin ne üzerine olduğunu, adını bile duymadan ölüp gideceğim. Elde mi buna üzülmemek? Kişioğlu bu yeryüzünde neler yapmış, neler kurmuş, nelerle uğraşmışsa hepsinden benim de bir payım olsun isterdim. Kimse ermemiştir, eremiyecektir o tüm bilgiye deyip avutuyoruz kendimizi. Bizden az bilenlere bakıp kıvrandığımız da oluyor. Bizden on kat, bin kat çok bilenler var, durmuyoruz onlar üzerinde, omuz silkiyoruz onlara: "Yüzlerce alana el uzatıp yüzlerce konuyu biraz öğreneceğine bir tek alanda çalış, onun konularını derinleştir, daha iyi!" diyoruz. Kendimizi de, çevremizi de kandırıyoruz böyle demekle. Biribirinden ayrı değildir o alanlar, biribirine bağlıdır o konular, birini hiç bilmezseniz, birinden hiç anlamazsanız ötekileri de gerektiğince kavrıyamazsınız. Yalnız bir şeyi bilmekle yetinen onu da iyice bilemez. Gerçek bilgi birliktedir, bizim biribirinden ayrı konular sandığımız şeyleri biribirine bağlıyan birliği görmektedir.

Şimdiyedek kişioğlunun usu ulaşamamış o birliğe, bundan sonra ulaşacak mı, onu da kestiremeyiz. Ne var ki bu özlem kavramış içimizi, o birliğe ermedikçe ne söylesek, ne düşünsek, ne yaratsak yarım kalacağını biliyoruz. Belki bunun içindir, usumuza, kişioğlunun usuna güvenmez olmuşuz, onun yetersiz bir araç olduğunu ileri sürüyoruz, ondan üstün bir güç bulunduğuna inanmak istiyoruz: bilmediklerimizi, öğrenmediklerimizi sezermişiz, daha doğrusu sezenler varmış, birtakım doğrular, bilgiler onların içine kendiliklerinden doğuverirmiş. Niçin inanalım böyle şeylere? Öyle olsaydı, kişioğlu usundan üstün bir güçle bilmediklerini, öğrenmediklerini birdenbire kavrıyabilseydi, bundan yüzlerce, belki binlerce yıl önce, bügünkü bilimin vardığı sonuçları bildiriverirdi. O güç niçin büğünün kişilerinde olsun da geçmiş yüzyılların kişilerinde olmasın? Yo, o güç de yüzyıldan yüzyıla ilerliyor, gelişiyorsa, onu ustan ayırmanın, ustan başka saymanın ne yeri var? Neden usu küçümsüyoruz da onu aşan bir güce inanmağa kalkıyoruz?

Belki de kendimizi beğenmemizdendir, benbenlikten (*nahvetten*) bir türlü kurtulamayışımızdandır. "Şu kişi benden çok biliyor, benden çok anlıyor, bunu yadsıyamam (*inkâr edemem*), oysaki benden daha uslu bir kişi değil o, benim usum ne ise onunki de ancak o, belki de daha aşağı. Onun benden çok bilmesi, benden çok anlayışlı olması usundan değil, kendisinde bende olmıyan bir güç bulunmasından" diyoruz, kendi usumuzu küçük görmemek için usun kendisini, kişioğlunun usunu küçük görmeğe, yetersiz bir araç saymağa kalkıyoruz.

Hayır, kişioğlunun usundan üstün bir güç yoktur. Kişioğlu ne yapmışsa, ne kurmuşsa hepsini yalnız usu ile yapmış, yalnız usu ile kurmuştur. Duyguları dahi usunun yaratmalarıdır. Büğün dünkülerden daha çok şeyler biliyor, daha çok şeyleri kavrıyorsak, yüzyıllar boyunca kişioğlunun usu ilerlemiş, gelişmiştir de onun içindir. Kendimizi beğenmeği bırakıp da bizim payımıza düşen usun dar olabileceğini, yetersizliğini taplarsak (*kabul edersek*), kişioğlunun usuna güvenmemeği, ondan üstün güçler düşünmeği de bırakırız.

Bu değildi benim demek istediğim, düşüncem kendiliğinden sürükledi beni bunlara. Ben, anlamamakla övünenlerden yakınacaktım. Biliyorsunuz, çok öyle kişiler. Şöyle bir bakıp da: "Biz anlamıyoruz" dediler mi, karşılarındakinin ortadan çekilmesi gerektiğini sanıyorlar. "Bu bizim için yazmıyor, bizim için söylemiyor" diyemiyorlar bir türlü. Kendilerini bütün değerlerin deneytaşı bellemişler, siz ne yaparsanız, ne tutarsanız ancak onların anlaması, onların beğenmesi içindir. Hele onların anlıyamadıkları gerekli bulmadıkları bir işe girişin, kaldırıyorlar ellerini: "Dur! biz anlamıyoruz, biz bu senin yaptığını beğenmiyoruz, istemiyoruz!" deyiveriyorlar. Siz de duracaksınız...

Diyelim ki benim gibi öztürkçeye özeniyorsunuz, dilimizdeki Arapça tilcikleri, Farsça tilcikleri, bütün yabancı tilcikleri kaldırıp yerlerine Türkçelerini koymak istiyorsunuz, zevk yerine beğeni, meselâ yerine örneğin demişsiniz, bir küçük bey şöyle bir süzüyor sizi: "Anlamıyorum ben!" diyor. Siz ise onun, o küçük beyin anlıyamıyacağı sözleri söyliyemezsiniz. Bu acun onun için yaratılmış, değil mi ya? "Levlâke..." sözü de onun için inmiş gökten; hani bunu da anlamaz: "Levlâke de neymiş, ben bilmiyorum, öyle bir şey duymadım ben, anlamıyorum!" deyiverir. Siz ona: "Ne yapalım anlamıyorsan? Ben de senin için söylemiyorum, senin için yazmıyorum, böyle işlerle uğraşanlar var, bunları anlıyanlar var, dilimizin özleşmesi, senin yarımyamalak bildiğin Arapça sözleri bırakıp yerlerine daha anlaşılır sözler konmasını istiyenler var, onlar için yazıyorum, onlar için söylüyorum ben" diyebileceğinizi düşünmcz, düşünemez. Nasıl olur? Bu yeryüzü onun için yaratılmış, kim ne yazarsa onu düşünüp yazacaktır.

Kendisine söyleyivereyim şunu: "A küçük bey, küçücük bey, çok mudur sizin anladıklarınız, bildikleriniz? Daracık bir düşünce acununuz var. Siz onu bir dolaştınız mı, belki yoruluveriyorsunuz, olur. Ancak şunu bilin ki sizin yorulmanız onun büyüklüğünü değil, olsa olsa sizin küçüklüğünüzü gösterir. Benim yazılarımı anlamadığınızı söylüyorsunuz, peki. Sizden şunu sorayım: kimlerin yazdıklarını anlıyorsunuz? Çok mu okuduğunuz yazarlar? Doğrusunu söyleyin; şimdiyedek okuduğunuz betikler, sizin anlıyacağınız *kitaplar*, yüzlerle demiyorum, onlarla sayılır mı? Otuzu, kırkı bulur mu? Benim dilimi, öztürkçeyi anlamıyorsunuz, inanırım anlamadığınıza, yalan söyliyecek değilsiniz a! Arapçalı, Farsçalı dili savunduğunuza göre, eski divanları bir açın, Namık Kemal'in, Tevfik Fikret'in, Halit Ziya Uşaklıgil'in yazdıklarını bir açın, anlıyor musunuz onları? Yoksa siz anlamıyorsunuz diye onları da mı ortaya çıkarmıyacağız? Beni anlamıyorsunuz, ben değersizim, Fuzuli'yi anlamıyorsunuz, o da değersiz...

Kendimi beğendiğimi, benim yazılarımın o andığım yazarlarınki gibi değerli olduklarını ileri sürdüğümü sanmayın. Hayır, bilirim benim düşünce acunumun da daracık olduğunu, belki sizinkinden dahi daracıktır. Ne var ki ben anlamadığım işlerin değersiz, gereksiz olduğunu söyliyemiyorum. Anlamadım mı, üzülüyorum, bilgim daha çok, usum daha güçlü olsaydı da bunları anlıyabilseydim diyorum. Biliyorum, bu yeryüzündeki kişiler hep benim için, kendilerini bana beğendirmek için çabalamıyorlar. Onların da sevdikleri birtakım işler var, onların da içlerini sarmış birtakım doğrular var, o sevdikleri işlere, o içlerini saran doğrulara kendilerini vermişler, bildikleri, diledikleri gibi çalışıyorlar. Ben karışamam onlara. Siz de küçük bey, bana karışmayın. Ben size karışıyor muyum? Ben sizin, benim anlıyacağım, benim beğeneceğim yazılar yazmanızı, benim kullandığım tilcikleri kullanmanızı istiyor muyum?

"Ben anlıyorum sizin yazdıklarınızı, anlaşılmıyacak, benim anlayışımı aşacak bir şey yok onlarda. Anlıyorum ya, okumuyorum, beğenmediğim için, yavan bulduğum için okumuyorum. Siz de benimkileri okumayıverin. İster anlamadığınız için okumayın, ister yavan bulduğunuz için okumayın, okumayın. 'Bu yazar benim için yazmıyor' deyin, olsun bitsin. Siz bu yeryüzünün bezeği, bütün değerlerin deneytaşısınız, orası öyle, öyle ya, ne yapalım benim gibi bunu anlamıyanlar da var. Anlamamak yalnız size mi vergi olacak?"

İşin Kolayı

Bir halk şiiri sevdasıdır gidiyor edebiyatımızda. Yıllardan beri. Bıkmadılar bir türlü. Baki demez, bütün Divan şairlerine, Tanzimatçılara, Edebiyat-ı Cedidecilere, onlardan sonra gelenlere, büğünkülere, hepsine dudak bükebilirsiniz, sizi azarlıyacak bir iki kişi çıkar, gene de pek büyük değildir suçunuz, bağışlanır, unutulur. Gelgelelim âşıklara dil uzatmıyacaksınız. Yunus bir, âşıklar iki. Dokunmıyacaksınız onlara. Beğeneceksiniz, seveceksiniz. Hani:

> *Yüzünde göz izi var,*
> *Sana kim baktı yârim?*

soğukluğu yok mu, ona bile hayran olacaksınız. Neden? "Samimi" şiirmiş âşıklarınki. Onlar şiiri, bezeksiz, donaksız, gönülden koptuğu gibi söylerlermiş. Şiirin kaynağı varmış onların sazında. Teline ilişiverin, bir ırmak köpüre köpüre akıyor. Siz de âşıklar gibi şiir söylemeğe özenin, büyük şair oldunuz gitti. Rıza Tevfik, Bay Kutsi Tecer yıllarca salt bu yüzden beğenilip övüldü. Artık onları anan pek olmuyor, ama halk şiiri sevdası bir türlü geçemedi. Sönecek sanıyorsunuz, diriliveriyor. Orhan Veli'ye bile allem ettiler, kallem ettiler, halk şiirini sevdirip "İstanbul Türküsü"nü yazdırttılar. Kimseye taş atmıyorum. Hepimiz tutulduk o sevdaya. İlk taşı, hiç tutulmamış olan atsın.

Halk şiirine ilgilenmenin, âşıklar gibi yazmağa özenmenin bir iyiliği olmadı demiyorum. Bir kere aruzdan, o tıkırtılar tıkırtısından bizi halk şiiri kurtardı. "Hece vezni bizim millî veznimizdir, bütün âşıklar hece vezni ile söyler" diye gürültü edilmeseydi, *efail tefail*'i zor atardık şiirimizden. Büğün bile dirilmeğe yeltendiği oluyor. Halk şiirine özenmenin ikinci bir iyiliği de bize dilimizi, öz dilimizi sevdirmek oldu. Halk şiirleri öztürkçe ile yazılmıştır diyorum sanmayın, âşıklar da sever Arapça, Farsça tilcikleri, Divan şairleri kadar bayılırlar onlara, *saç*'ı beğenmez de boyuna *zülüf* derler, saz şairi de:

> *Şerâb-i la'linde ne keyfiyet var?*
> *Söyletir efsâne efsâne beni*

dedi mi, ağzı kulaklarına varır. Hayır, Türkçeyi halk şiirlerinden öğrenmeye kalkmayın. Ama halk şiirleri bize Türkçeyi Divan şiirinden daha çok tattırdı. Halk şiiri sevdasından geçmeseydik, öztürkçe yolunu tutmakta belki daha çok güçlük çekecektik. (Şunu da söyliyeyim: halk şiirinin, öztürkçe akımına kötülüğü de dokunuyor. Karşımızdakiler bize: "Sizin Arapça diye, yabancı diye atmak istediğiniz bütün o sözler halkın ağzında, öz malımız olmuş bizim" diyorlar. Dil devriminin ne olduğunu anlıyamıyorlar, kavrıyamıyorlar da onun için. Dil devrimi genel devrimin, toplumdaki büyük değişmenin, Doğu'dan Batı'ya yönelmenin bir gereğidir, halka gitmek değildir, halkı yeni bir düşünüşe, yeni bir yaşayışa götürmektir.)

Halk şiiri, dedikleri gibi, bezeksiz, donaksız bir şiir değildir, samimi bir şiir değildir, âşıklar şiiri gönülden koptuğu gibi söylemezler. Bir bakıma, halk şiirinden daha yapmacıklı bir şiir yoktur:

> *Armut dalda bir sıra*
> *Yârim gitti Mısır'a*
> *Koyun olsam yayılsam*
> *Yârimin ardı sıra.*

Nedir bundaki samimilik? Duygu samimiliği mi? Bunu söyliyen gerçekten gönlündekini mi anlatıyor? Yooo! yârinin

Mısır'a falan gittiği yok, belki yâri bile yok, tilciklerle oynuyor, *sıra – Mısır'a – sıra* hoşuna gitmiş, onları bir araya getiriyor. Bezeğin, süsün ta kendisi. Bunda duygu yok, bezek kaygısı var, en yapmacıklı deyiş kaygısı var, sanat kaygısı var. Ancak geçici bir sanat kaygısı var. Bunu söyliyen karşısındakileri bir an eğlendirecek, sonra o mani unutulacak. Birtakım kurallar bellemiş, birtakım konular bellemiş, birtakım mazmunlar bellemiş, o mazmunları o kurallarla söyliyecek. Tıpkı Divan şairinin yaptığı. Bu bakımdan Divan şairi ile âşık arasında bir ayrım yoktur. Birinin düşüncesi neyse ötekinin düşünüşü de o. Yalnız biri Arapçayı, Farsçayı daha iyi biliyor, dili aruza yatmış, öteki bunları pek başaramıyor, işte o kadar. İkisi de bir toplumun çocukları, duruk bir toplumun, yüzyıllar boyunca değişme dileği duymıyan, babalarından bellediği ile yetinen bir toplumun çocukları. Birini ötekinden yeğlemek, üstün tutmak için bir sebep yok.

Üstünlük varsa, Divan şairinde o üstünlük. Söyledikleri dolayısiyle değil. Bilelim ki bizim divanlarımız da boştur. Ben Fuzuli'yi, Baki'yi, Naili'yi, Galip'i sevmez miyim? Severim, o başka. Ama çekinmeden söyliyelim, boştur o şairler. Birtakım bezeklerle, bu toplumun artık yaşatamıyacağı bezeklerle doludur. Onları, o şairleri kurtarmağa çalışıyorlar, çocuklara onları öğreteceklermiş de büğünü düne bağlıyacaklarmış, kuşaklar arasında bağlar, köprüler kuracaklarmış, daha bilmem neler... Aldırmayın siz öyle sözlere. Derler, derler de yapamazlar. Geçen geçmiş, yıkılan yıkılmıştır. Gelenek dediğiniz, öyle gücün sürdürülemez. Türk toplumu, yüz elli yıldır Doğu'dan ayrıldı, Batı'ya yöneldi, Doğu'nun törelerine, Doğu'nun yasalarına, Doğu'nun değerlerine bağlı kalamaz, onlardan ayrılıp, silkinip bilerek, bilmiyerek, alttan alta yenilerini kurmaktadır.

Başka yöndendir Divan şairinin üstünlüğü. Divan şairi, kendisinin bir sanat adamı olduğunu bilir, âşık bilmez bunu, düşünmez bile. Divan şairi, bir sanat adamı olduğunu bildiği için, içinde bir bengilik, ölmezlik kaygısı vardır. Eserinin gelecek yüzyıllara kalmasını, kendisi öldükten sonra adının anılmasını ister. Sanat adamı bu kaygıyı duyuyorsa bir sanat adamıdır. Yoksa eserinde bir güzellik bulabilirsiniz, öyle, kendiliğinden gelmiştir o güzellik, bir yaban çiçeğinin güzelliği gibi. İstenilerek, düşünülerek yaratılmış bir güzellik değildir. Sanat eserinin güzelliği ise istenilerek, düşünülerek yaratılmış olan güzelliktir. Gerçek sanat adamı, kendi isteği ile yaratmadığı bir güzellikle övünmek şöyle dursun, kaçınır ondan, tiksinir. Hani bazı şairler olurmuş, kendilerini esine bırakırlarmış, içlerine birdenbire pek güzel şeyler doğar da onları söyleyiverirlermiş, öyle kimseler gerçekten var mıdır bilmem onu, varsa da birer sanat adamı değildir onlar, bülbülün ötmesi gibi, ne yaptıklarını bilmeden öterler. (Bülbül ne yaptığını biliyor mu, bilmiyor mu, onu kestiremem. Ama bülbül ne yaptığını biliyorsa, ötüşünü bir düşünce ile düzenliyorsa, kendilerini esinlere bırakan şairlerden çok daha üstün bir sanat eridir.)

Halk şiirlerinde birtakım çok güzel sözler bulabilirsiniz. Örneğin:

Akşamın vaktı geçti,
Bir güzel baktı geçti

sözünde, bence, büyük bir şiir gücü vardır. Ama bu bir şair sözüdür, bir sanat adamı sözüdür diyemem, bilmiyorum düşünülerek mi söylenmiş. Belki öyle, kendiliğinden gelmiştir, bülbülün ötüşü gibi. Buna bir şair sözü, bir sanat adamı sözü diyebilmem için, sanat kaygısıyle söylenilmiş olduğunu bilmem gerektir.

Neden bu kadar seviyorlar halk şiirini? Bana öyle geliyor ki halk şiirinde gerçek bir sanat kaygısı olmadığı için, gerçek bir sanat araması olmadığı için seviyorlar. Kolay kolay güzellikler yaratmak hulyasiyle seviyorlar. Kendilerini bırakacaklar, sözlerine bir çekidüzen vermeğe özenmiyecekler, kendiliklerinden çok güzel eserler yaratacaklar. Halk şiirini sevmiyorlar, ondaki kolaylığı seviyorlar, kendilerini düşüncenin sıkısı altına koymaktan kurtardığı için seviyorlar onu. Şairlerimiz, düşünürlerimiz, yaratmanın, sevinç içinde olsa dahi, bilinçle, yâni *şuurla* güçlüğe katlanmayı buyurduğunu anladıkları gün, halk şiirine bağlanmaktan kurtulacaklar.

İçki, Afyon

Geçen sayılarının birinde *Varlık* dergisi bizim radyolardan açmış: "Bir yandan içki aleyhinde konuşmalar yaptırırken bir yandan da içkiyi metheden şarkıları arka arkaya verişine biraz takılmıştık" diyor. Oysaki derginin o sayısında, biri içkiyi, biri de afyonu öven iki şiir varmış, okurlarından biri bunu görünce telefonu açtığı gibi başlamış çıkışmağa: "Bu ne perhiz, bu ne lâhana turşusu?" *Varlık* savunuyor kendini. Söyledikleri üzerinde durmak istiyorum. Diyor ki:

"Ancak yetişmiş, olgunlaşmış kimseler tarafından okunan bir sanat dergisi ile herkese açık olan radyo aynı şey demek değildir." (Yazık ki *Varlık* şu "tarafından" sözünü bir türlü atamıyor, "tarafından okunan" ne de kötü tırmalıyor kişinin kulağını. "...kimselerin okuduğu" yahut "...kimselerce okunan" dese daha iyi etmez miydi? Neyse, o değil benim diyeceğim.)

Demek ki *Varlık* dergisine göre yahut derginin o yazarına göre, mutlu bir azlığa (*happy few*) söylenecek olanla herkese söylenebilecek olan bir değildir. Yetişmiş, olgunlaşmış bir kişi misiniz? İçkiyi, afyonu öven şiirler okuyabilirsiniz. Değil misiniz? Radyoda içkiyi yeren, kötülüklerini sayan konuşmaları dinliyeceksiniz. Neden bu ayrılık? Dergi onu da anlatıyor. Alaturka musiki içki âlemlerinin yetiştirmesi, ürünü imiş ("mahsulü" diyor *Varlık*), o âlemleri sevdirmeğe, sürdürmeğe çalışırmış, onların yayımcısı "propagandacısı" imiş. Oysaki... Gene dergiden okuyalım: "Halbuki, okuduğu bir şiirde şairin içkiden bahsettiğini görerek buna heves edecek bir okuyucu tasavvur ede-

miyoruz. Gerçek sanat ahlâka aykırı telkinlerde bulunamaz."
(Dergide "telkin" değil, "telâkki" deniliyor, bir dizgi yanlışı olacak, "telâkki" sözü uymuyor oraya.)

Yâni, bizim anlıyacağımız, Fuzuli: *"Mey habâbı gibi meyhanede bir ev tutuben – İkd-i engûr gibi bir araya baş çatuben – Alsalar din ile dünyayı şaraba satuben – Mest-i bedhûş u harâbât-i bî-bâk olalım"* diyebilir, kimse bunu okuyup şarap içmeğe özenmez, ama sazda: *"Gidelim Göksu'ya, bir âlem-i âb eyliyelim. – Ol kadehkâr güzeli yâr olarak peyliyelim"* şarkısını dinlediniz mi, duramaz, kafayı çeker, kadehkâra da baygın baygın bakmağa kalkarsınız.

Doğrusunu isterseniz, ben bu ayrıma inanmıyorum. Saz da şiir gibi kişiyi içkiye özendirmez demiyorum, özendirir, ama şiir de özendirir. Ne yalan söyliyeyim? Fuzuli'nin o şiirini okurken içtiğim, içerken coşup da Fuzuli'nin o şiirini okuduğum çok oldu. Bir türlü şiirin de, bir türlü musikinin de öyle bir işi vardır: içmeğe, sevmeğe götürürler kişiyi. Siz ne düşünürsünüz bilmem, karışmam da, ama ben içmeyi de, sevmeyi de suç sayanlardan değilim.

Sazı, Ankara, İstanbul radyolarında her gün saatlarca alaturka musikiye yer verilmesini savunmaya kalkıyorum sanılmasın. Bana sorarsanız, köküne kibrit suyu o musikinin. Neden? Kötü mü o musiki? Hiçbir sanata kötüdür denemez, sazın, alaturka musikinin de bir değeri, bir güzelliği vardır elbette. Ama ben devrimciyim, Doğu yaşayışını, Doğu düşünüşünü bırakıp Batı yaşayışına, Batı düşünüşüne gitmemizi isterim. *Varlık*'ın ağustos sayısını, şu yukarıdaki satırları aldığım sayısını okursanız görürsünüz, orada benimle de bir konuşma var. "Edebiyatımızın gelişmesi için neleri gerekli görüyorsunuz?" sorusunu şöyle yanıtladım (*cevaplandırdım*): "Yalnız edebiyatımızın değil, bütün hayatımızın gelişmesi için her şeyden önce eskiden silkinmemiz gerektir, geçmişle bütün bağlarımızı kesmeliyiz, ne alaturka musiki, ne alaturka şiir."

Onlar, yâni alaturka musiki ile alaturka şiir kaldıkça biz gerçekten Batılı olamayız, gerçekten Batı'ya yönelemeyiz. Bizim musikimizde, bizim şiirimizde bizim kokumuz kalmasın mı? Bütün uluslar, bütün toplumlar sanat eserlerine kendi damgalarını vurmamışlar mıdır? Alaturka musiki, alaturka şiir o değildir. Elbette, Divan şiirlerinde de, alaturka bestelerde de bizim olan bir şey vardır, ama biz, bizim olan o şeyi onlara, bir düzene göre, Doğu düzenine, Doğu düşünüş, görüşüne göre katmışız. Baki'nin bir gazeli, bütün o Arapça, Farsça sözleri altında, gene bizi söyler, ancak geçmişteki bizi söyler, Doğu düşünüşü içine kapanmış olan bizi söyler. Bizimle birlikte bize Doğu'yu da, Doğu'nun bütün inançlarını, bütün değer yargılarını da söyler. Biribirine kenetlenmiştir onlar, ayıramazsınız. "Ben Baki'nin bir gazelini, yahut alaturka bir ezgiyi dinlerken onlarda Doğu'yu değil, yalnız kendimizi arıyorum" diyemezsiniz.

Bakıyorum, birtakım kimseler var, hem Shakespeare'i, Molière'i, Goethe'yi, hem de Sadi'yi, Hafız'ı, Baki'yi okuyup seveceklermiş, Avrupa'da da öyleleri varmış. Boşuna bir çabadır bu: Sadi'nin bilgelik (*hikmet*) anlayışına, Hafız'ın, Baki'nin şiir anlayışına kapıldınız mı, Avrupalıları gerçekten anlıyamazsınız. Yahut Shakespeare'i, Molière'i, Goethe'yi; Sadi'yi, Hafız'ı, Baki'yi anladığınız gibi anlarsınız. Uygarlık, ekin (*medeniyet*, *kültür*) alanlarında, kumarda olduğu gibi, iki yana birden kâğıt veremezsiniz. Doğu düşünüşü ile Batı düşünüşü arasındaki ayrımı, benzemezliği görmüyor musunuz? Biribiriyle uzlaştırılabilir mi onlar? Biri tek sesli alaturka musikiyi, tek konulu Divan şiirini vermiş, öteki çok sesli Avrupa musikisini, kişioğlunu türlü yönlerden incelemeyi erek (*gaye*) edinmiş Avrupa edebiyatını vermiş. Doğu düşünüşü Divan şiirini, alaturka musikiyi yaratmış olduğu gibi Divan şiiri ile alaturka musiki de Doğu düşünüşünü yaşatır, onları kapatmazsak Batı düşünüşüne geçemeyiz.

Hayır, sazı savunmağa kalkmıyorum, bütün güzellikleri, değerleriyle uzak olsun bizden...

Sazı savunmuyorum, ama *Varlık*'ın yüksek sanat eseriyle ötekiler arasında bulunduğunu söylediği ayrımı da göremiyorum. Aldatmıyalım kendi kendimizi: "Gidelim Göksu'ya..." şarkısı kişiyi içkiye sürükliyeceği gibi Baudelaire'in afyonu öven şiiri de afyon yutmaya özendirebilir. Şinasi'nin edebiyat için dediğini bilirsiniz: "Haslet-âmûz-i edeb olduğundan..." Yâni edebiyat kişiye edep öğretirmiş, ahlâk dersi verirmiş. Yalan değildir, bir çeşit ahlâk aşılar, bir dünya görüşüne çağırır. O ahlâk, o dünya görüşü, yerleşmiş ahlâk, yerleşmiş dünya görüşü olmıyabilir, yerleşmiş ahlâkı, yerleşmiş dünya görüşünü yıkıp yerine başkalarını getirmek istiyebilir, ama bir şey öğretir, bir ahlâk anlayışı getirir. Bunun için, Doğu düşünüşüne göre değilse bile Batı düşünüşüne göre, her edebiyat adamı bir çeşit ahlâkçıdır: Boccaccio, D. H. Lawrence, André Gide, Henry Miller, hattâ hattâ Marquis de Sade birer ahlâkçıdır, Jean Genet de bir gün –yazılarının yayıldığı ölçüde– bir ahlâkçı diye gözükecektir. Hepsi de ahlâkın ilkelerini değiştirip başka ilkeler üzerine kurmağa kalkmış kişilerdir, hepsi de toplumun bir bağnazlığına (*taassubuna*) karşı ayaklanmış, onu hiç olmazsa yumuşatmağa çalışmışlardır.

Varlık dergisi: "Baudelaire gerçekten şiirlerinde esrarı, sapık zevkleri övmüştür. Ama Baudelaire'in şiirlerini okuyarak bu kötü iptilâlara tutulmuş bir tek kişi gösteremezsiniz" diyor. Acaba? Bir kere Baudelaire'in kendisini gösterebiliriz. Doğu'da: "Hafız şarabı da, güzelleri de övmüştür, ama kendisi şaraba da, güzellere de el sürmemiştir" diyenler çoktur, onun şarabı da, güzeli de Tanrı imiş! Şeyhülislâm Yahya Efendi ağzını kadehe götürmemişmiş, ancak şiirde âdet olduğu için şarabı övmüş... Olabilir, çünkü Doğulu şairin bir bildirisi, bir *message*'ı yoktur, belirli konular üzerinde belirli sözleri ustaca söylemek ister. Ama Batılı şair, edebiyatçı böyle değildir, gerçek deneylerini, gerçek inançlarını söylemeğe, düşüncelerini yaymağa çalışır. Eserleri onun bildirisidir.

Bu sorumluluğunu elinden almağa kalkmıyalım. "Şair övdüğü şeylere kimseyi özendirmez" demiyelim, yoksa şairi, edebiyatçıyı abuksabuk söylenen bir adam durumuna indiririz. "Aldanma ki şair sözü elbette yalandır" diyor Fuzuli. Doğu şairi için belki öyledir. Batı şairi için değil.

İftira Çağı

Aylık *Ufuklar* dergisinde yayınladığı *Ali'ye Mektuplar*'ının en yenisinde (eylül 1952) Vedat Günyol iftiradan, iftirayı bir savaş aracı diye kullananlardan yakınıyor. Arada Maurras'ı da anıyor. O Fıransız düşünürü arkasından gelen gençlere: "Düşman tehlikeli bir fikirle karşınıza çıkarsa, hiç duraksamayın, namusunu lekelemeye bakın!" demiş. Vedat Günyol'un dediğine bakılırsa bizde de bu öğüde uyanlar varmış. Ali de bundan kurtulamamış, ama sonra, o kara sürmeğe kalktığı "ışıl gözlü delikanlıyı yakından görüp tanımış", utanmış ettiğinden...

Vedat Günyol kimlere, ne çeşit insanlara sinirlenmiş, anlıyoruz. Karşılarındakilerin kendileri gibi düşünmediklerini görünce onlara hemen türlü kabahatlar yüklemeğe kalkanlardan doğrusu, ben de hoşlanmam. Ama... Hani Fıransızlar "Şeytan'ın avukatlığını etmek" derler, ben de büğün ona özeniyorum. Yargılamadan önce, tiksinerek başımızı çevirmeden önce, onları da anlamağa çalışalım.

Bir kere onların "iftira" ettiklerini söylemek doğru mu? İftira, bilerek olur. Sizin şu suçu işlemediğinizi biliyorum, gene de onu işlediğinizi söylüyorum, işte bu bir iftiradır. Vedat Günyol'un kızdığı kimseler arasında böyle bile bile yalan söyliyenler, karşılarındakileri susturmak için yüzlerine kara sürmeğe kalkanlar yok mu? Olabilir. Ama hepsi, çoğu öyle değil, bilmiyorlar iftira ettiklerini, karşılarındakine bir suç yüklerken onun o suçu işlediğine gerçekten inanıyorlar, ortalığı temizlemek, toplumu kurtarmak için bağırıyorlar.

Neden? Kendilerinin düşündüklerinin doğru olduğuna, biricik doğrunun o olduğuna sımsıkı inanıyorlar da onun için. Kendi çalıştığım alandan bir örnek alayım. Ben, günden güne yabancı sözlerden kurtulup öztürkçeye gitmek istiyorum. Birtakım kimseler bunu bir türlü anlıyamıyor: "Bizim büğünkü dilimiz güzeldir, olgundur, yetkindir, biz bununla her dileğimizi söylüyoruz. Belli bu dilin bize yettiği. Öyle ise neden bu dili değiştirmeğe, hepimizin bildiğimiz sözleri atmağa kalkıyorlar? Ne var bunu anlamıyacak: ulusal birliği bozmak istiyorlar da onun için, şuna buna yaranıp para almak için, gizliden gizliye ırkçılık güdüyorlar da onun için, bilmem hangi yabancı devletin işine geliyor da onun için..." Daha böyle birtakım sebepler buluyorlar. Bir kimsenin kendilerinden başka türlü düşünebileceğini, büğünkü Türkçeyi büğünün düşüncelerini söylemeğe elverişli bulmıyacağını akıllarına getirmiyorlar. İnançları içlerini sarmış, o inanca uymıyan her düşüncenin, her davranışın ancak Şeytan'dan gelebileceğini sanıyorlar. Geçenlerde biri: "Dil Kurumu'nun kiraladığı yazarlar..." diyordu.

Doğru değil onların dedikleri, ama iftira da değil. Biliyoruz, söylediklerinin doğru olduğuna inanıyorlar kendileri.

Bir de kendimizi düşünelim. Dil devrimini kötülemeğe kalkanların yazılarını okurken biz de: "Bu adamlar acaba kime yaranmak istiyor? Acaba hangi çıkar arkasından koşuyor?" demiyor muyuz? Bu sorular benim içimde de doğuyor, yeniyorum kendimi, susturuyorum, o kimselere bir leke sürmeden düşünmeğe çalışıyorum. Ama kolay olmuyor bu. Neden? Dil devrimine, büğünkü dilimizin değişmesi gerektiğine gerçekten inanıyorum da onun için. O doğru bana bütün ışığı, parlaklığı ile gözükmüş, işte, şurada yanan güneş! başkalarının onu görmemesini çabuk çabuk kavrıyamıyorum: "Görüyorlar da gördüklerini gizliyorlar, birtakım aşağı duygularla gizliyorlar!" diyorum. Kendimi tutmasam bunu bağıracağım, iftira edeceğim bütün o kimselere, onların bize iftira ettikleri gibi. Gücün tutuyorum kendimi, iftira etmiyorum, ama onların da bize iftira etmediklerini, ne dediklerini bilmeden bize öyle suçlar yüklediklerini anlıyorum. Tutamıyorlar kendilerini, acıyorum onlara.

Vedat Günyol acımıyor öyle kimselere: "İftira ediyorlar!" diye kesip atıyor. Bu da bir çeşit iftira olmuyor mu?

Nedir bundan kurtulmanın yolu? Bilmiyorum. Bana öyle geliyor ki çabuk çabuk kurtulamayız. Bir devrim çağı yaşıyoruz da onun için. Yalnız bizde, Türkeli'nde değil, büğün bütün yeryüzünde böyle. Fıransızca *Les Temps Modernes* dergisinin ağustos 1952 sayısını okuyun: Monsieur Albert Camus ile Monsieur Jean-Paul Sartre, iki eski dost, kavga ediyorlar, terbiye dışına çıkmıyorlar, ama ağır sözler söylüyorlar biribirine. Niçin? Anlaşamıyorlar biribirleriyle, biribirlerine birtakım suçlar yüklüyorlar, her biri ötekinin birtakım doğruları gizlediğini, bir çıkar yüzünden gizlediğini ileri sürüyor. İnançları kavramış ikisini de. Acun bir devrim çağı geçiriyor, devrim çağlarında inançlar kavrar kişileri, inançlı kimse de karşısındakinin, kendi gördüğü doğruyu görmiyenin, yalan söylediğini sanır. Maurras, arkasından gelen gençlere neden öyle bir öğüt veriyor? Kendi düşündüğünün doğru olduğuna, biricik doğru olduğuna inanıyor da onun için. O doğruyu, o biricik doğruyu sarsacak herhangi bir düşünce, yalnız yanlış olmakla kalmaz, bir kötülüktür, toplum için bir kötülüktür, insanoğlu için bir kötülüktür, ancak Şeytan'dan gelebilir, demek ki onu çürütmek için her çareye başvurabilirsiniz, isterseniz iftira da edersiniz, doğru uğrunda, büyük doğru uğrunda olduğu için iftira da bir suç sayılmaz, onun da sevabı vardır. Charles Maurras şimdi seksen beşini geçmiş hasta bir ihtiyardır, uzun yıllar da hapiste yattı. Ama unutmıyalım ki çağımızın düşünüşünde büyük etkisi vardır. Sorel gibi. Aşırı solun, aşırı sağın önderleri gibi. Bir devrim çağının önütlerinden, üstatlarındandır.

Bir daha söyliyeyim: beğenmiyorum onları, savunmuyorum. Ama anlamağa çalışmalıyız. "İftira ediyorlar" diye kesip atmamız yetmez, bununla onları da, çömezlerini, yamaklarını da susturamayız.

Vedat Günyol bu durumu ekinin düzeltebileceğine inanıyor: "Ancak, insanı her şeyin ölçüsü sayan geniş hümanizma terbiyesi *uzaklığı*, onunla birlikte iftirayı tesirsiz bırakabilir. Çünkü kültür insana çeşitliliği sevdirir." Doğru mu acaba? Maurras'ı anmış kendisi. Az ekinli kişilerden midir Maurras?

Yunanlıları, Lâtinleri, Fıransızları, İtalyanları en çok okumuş, onların eserleri üzerinde en çok düşünmüş eleştirmecilerden biridir. Bu düşünceyi yaymak için zorbalıktan kaçınmamayı öğütliyen, böylece Lenin'i de, Mussolini'yi de etkilemiş olan Georges Sorel, denildiğine göre, dünyanın en ekinli kişilerinden biriymiş: bilim, felsefe, edebiyat, musiki, resim, hepsinden anlarmış...

Tanışmağa, yakından tanışmağa gelince... Vedat Günyol Alain'in bir sözünü anıyor: "İnsan hiç görmediği kimselerden daha şiddetle nefret eder... Bir karşılaşma, çok zaman, bütün kinleri, nefretleri ortadan kaldırır."

Ben de inanmak isterdim buna. Ama kolay mı inanmak? Troçki ile Stalin biribirlerini yakından tanımazlar mıydı? Mussolini Ciano'yu yakından tanımamış, kendine damat edinmemiş miydi? En barışmaz düşmanların dünkü gönüldeşler arasından çıktığını görmüyor muyuz?

Bile bile yahut bilmeden iftiralar çağı elbette sürmez, bir gün gelir, o da geçer. Ama böyle şeyleri ekinle, yakından tanışmakla önliyebileceğimizi sanmıyalım, kendi kendimizi aldatmış oluruz.

Büyücü Çırağı

Yıllardır devrimler, inkılâplar deyip duruyoruz. Koltuklarımızı kabartıyor böyle demek: Türk ulusu otuz yıl içinde bunca devrim başardı, yasa devrimi, kılık devrimi, yazı devrimi, dil devrimi. Kötü etmişiz, yanlış bir yol tutmuşuz: devrimlerin biribirinden ayrı oldukları sanısını yaydık. Şimdi iyice anlıyoruz: devrimler yok, tek bir devrim var. Bölünmez bir bütün. Görüyorsunuz işte: birine dokunuldu mu, ötekiler üzerinde de tartışmalar açılıyor, onlara da dokunuluyor. "Eski dile dönelim" diyorsunuz, "Şu sözler tutmadı, biz gene dünküleri kullanalım" diyorsunuz, ürpertici yankılar uyandırıyor: "Eski töreye dönelim... Eski yasalara dönelim..." Siz de ürperiyorsunuz: "Ben bunu istemedim!" diyorsunuz. Biliyoruz, istemediniz bunu, dilemediniz bunu. Ancak devrimin bir bütün olduğunu düşünmediniz, bir yerine dokunmakla bütünün sarsılabileceğini düşünmediniz. Sizin beğenmediğiniz, gerekli olduğuna inanmadığınız bir yön vardı, bir süs sanıyordunuz onu, olsa da olur, olmasa da. Onu kaldıracaksınız, yapı gene duracak!.. Duramaz, süs yoktur devrimde. Ayrı ayrı gördüğünüz devrimlerin hepsi de biribirinin sonucudur, hepsi bağlıdır biribirine. Türlü görünüşleri olabilir: yasalar alanında görünüşü, töre alanında görünüşü, yazı alanında görünüşü, dil alanında görünüşü. Bir göründüğü yerde vurdunuz mu, yaralanmıştır o, artık nerede görünürse görünsün, sağlam değildir, yarası bellidir, acısı okunur yüzünde.

Siz devrimi ancak şu alanda beğenmediniz, beğenmediğinizi de söylediniz. Biri de başka bir alanda beğenmiyor, o neden söylemesin? Size uyuyor, örnek ediniyor sizi kendisine, o da sizin gibi söyleyiveriyor. Siz istediğiniz gibi düşünmekte özgürsünüz, *hürsünüz* de o değil mi? "Ben iyi olan, gerekli olan devrimleri savunuyorum" diyorsunuz. Sizin iyi, gerekli bulduğunuzu o iyi, gerekli bulmuyor. Neden sussun? Siz şu devrimi, bu devrimi, daha doğrusu devrimin şu yanını bu yanını niçin beğenmediniz? Bütünün bir yeri olduğunu düşünmediniz, kavrıyamadınız da onun için. Düşünseydiniz, kavrasaydınız, beğenmezlik etmezdiniz onu, kendinizi, alışkanlıklarınızı yenmeğe, onu da benimsememeğe çalışırdınız. Siz bu çabaya katlanamadınız, alışık olduğunuz *şeylerden* ayrılmağa katlanmadınız. Alışkanlıklarınız içinde sizin de hoşlanmadıklarınız vardı, onlardan, ancak onlardan silkinelim dediniz. Karşınızdaki ise onlardan da silkinmek istemiyor, seviyor alışkanlıklarını, göneniyor, kıvanıyor onlarla, bırakamıyor onları.

Ne demektir devrim? Bir toplumun görüşünü, düşünüşünü, yaşayışını değiştirmesi demektir. Bir toplumun görüşü, düşünüşü, yaşayışı değişince yasaları, töreleri, yazısı, dili de değişmez mi? Onlar da yeni görüşe, yeni düşünüşe, yeni yaşayışa uymak eğilimini göstermez mi? Biri değişmesin de eskisi gibi kalsın... Olur mu sanıyorsunuz bunu? Siz "belirtmek" demiyeceksiniz, "tebarüz ettirmek" diyeceksiniz, "vefat etti" demeği "öldü" demekten daha güzel bulacaksınız, gene de öteki devrimlere dokunulmıyacak... Düşünmediniz de onun için: "tebarüz ettirmek", "vefat etti" gibi sözler eski yaşayışın, eski düşünüşün, eski görüşün bu topluma soktuğu sözlerdi, o sözler döndü mü, onları doğurmuş olan etkenler de dirilir.

Devrimler arasında seçmeğe kalkmıyalım: devrimi ya bütün olarak alır, benimsersiniz, ya onu bütünü ile sarsarsınız. Yoksa, gördünüz, Atatürk'e dil uzatanlar da oluyor. Devrimi istemedikten sonra onu başaranı, ona en büyük hızı vereni neden istesin? Gene de pek aşırı gitmemiş: Atatürk'e bu ülkeyi yabancılardan, yağılardan kurtardığı için çatmıyor. "Bu ülke bir sömürge olsaydı, bu ulusa saldıranlara karşı koyan çıkmasaydı daha iyi olurdu" demiyor. Biliyorsunuz, öyle diyenler de oldu. Kendileri ulusal savaşın çıkar bir yol olmadığını söylemişlerdi, sonradan da uslanmadılar, gene kendi görüşlerini savunduar. Atatürk'ü gerçekten seviyorsak, adını değil de kendini, yaptıklarını seviyorsak, devrimlerin hepsini savunalım, daha doğrusu devrimi bütünü ile savunalım, başka yol yoktur.

Bunu yazarken bir düşündüğüm kişi mi var? Şu yana, bu yana mı taş atmak istiyorum? Hayır: iki yanı da düşünüyorum. İki yanda da devrimin bölünmez bir bütün olduğunu kavrıyamamışlar var da onun için.

Olanlara baktıkça kişi masaldaki büyücü yamağını düşünüyor: şeytanları toplamasını bilir, dağıtmasını bilmez. Onlar da boyuna üşüşür, gitgide daha yavuzları daha azılıları gelir... Ne yapıp yapıp şeytanları savmalıyız, yoksa bütün yurt için, bütün toplum için kötü olur.

Şeytan kandırıcı sözler söylemesini de bilir. Özgürlüğü, *hürriyeti* ezmek mi istiyor? Kendisinin özgürlükten yana olduğunu söyler. Bakın şimdikilere: "Biz dilediğimize inanmakta, dilediğimiz gibi yaşamakta özgür değil miyiz? Bırakın bizi, kanılarımızı söyliyelim, yayalım" diyorlar. Bütün kişilerin kanılarını çevrelerine yaymakta özgür olmaları gerektir. Ya onlar, başkalarının kanılarına saygı göstermemeği diliyorlarsa? Çevrelerine bunu aşılamağa çalışacaklarsa? Onların dedikleri: "Bırakın bizi, sizin kanılarınıza saygı göstermemeği, sizi kanılarınızdan dolayı ezmeği öğretelim" demeğe gelmez mi? Buna da göz yummak olur mu?

Özgürlükten yanayız, kimsenin elinden, topluma karşı suç işlememiş hiç kimsenin elinden özgürlüğünün alınmasına katlanamayız. Ancak, büğün, devrimin ilkelerine dokunmak da bu topluma karşı bir suç sayılır, bu topluma gerçek özgürlük düşüncesi devrimle geldi de onun için. Devrimin ilkelerine dokunmak, özgürlüğe dokunmak demektir. Devrimden önce bu toplum duruk bir toplumdu: eski durumu ne ise gene o durumda kalmak istiyen, bireylerinin hepsinin de bir türlü düşünmesini, bir türlü yaşamasını, hepsinin bir kanıda olmasını istiyen bir toplum. Öyle bir toplumda özgürlük düşünülemez. Devrim Türk toplumunu bu bakımdan değiştirdi, bireylerine biribirine benzememek, ayrı ayrı düşüncelerini savunmak yetkisini verdi: şeytanların özgürlüğünü daraltmazsak, onları, gene eski duruk topluma dönelim demelerine bırakırsak öteki bireylerin özgürlüğünü kaldırmış oluruz.

Devrimi bunun için savunuyoruz, devrimin ilkelerine sataşanların, devrime en büyük hızını vermiş olan Atatürk'e dil uzatanların bu topluma kaşı bir suç işlediklerini bunun için söylüyoruz.

Düşsül Görüşme

Ne güzeldir Ankara'nın yaz akşamları! sıcaklar geçip de serinlik yavaş yavaş yayılır, yorgunluğunuzu giderirken yollarda dolaşmak ne tatlıdır! ben de öyle kendimi sanki bir ezgiye kaptırmış, gidiyordum. Doğru mu bu dediğim? Gençlik yıllarımda olduğu gibi gerçekten çıktım mı yürümeğe? Yoksa bunu kurmakla mı yetindim? Pek bilmiyorum. Bileceğim de ne olacak? Bir yaşa geldikten sonra kişi, gerçekle düş arasında pek bir ayrım olmadığını, ikisinin biribirine ayırt edilemezcesine karışıverdiklerini anlıyor. Düşlerimiz de gerçeğin bir yankısı değil midir? Gerçek de bir düş değil midir, bir düş oluvermiyor mu? En sevdiğimiz, en tutunduğumuz gerçek, bir günün sona erip başka bir günün başlamasiyle, bir anı olmuyor mu? Anılar da düşlerden büsbütün başka mıdır sanırsınız? Düşlerimiz bizim gelecekteki anılarımız, anılarımız da geçmişteki düşlerimizdir...

Böylesine dağınık, anlatılmaz, ancak kendimiz için bir yorusu olan düşüncelerle yürüyordum. Ne yaparım ben yalnız olunca? Ne yapacağım? Birtakım eski ozanların, Divan ozanlarının sözlerini mırıldanırım: *"Dilber olur ki mâlik-i bahr-i kemâl olup – Şi'r okuya, sefîne suna âşinâlara. – Âşık odur ki istemiye bûse vü kenar – Aşk olsun öyle kani olan merhabâlara!"* Bunları söylüyor, içimden, tâ içimden de yırlamasını bir türlü beceremediğim saz ezgilerinden birini dinliyordum...

Birdenbire bir gülüş duyup irkildim. Baktım yanıma: yalnız değilmişim, o de benimle gelmiş, ya da yolda görüp sessizce takılmış.

— Sen burada mıydın, Keziban? dedim. Bir yılı, iki yılı geçti, beni aramıyorsun...

— Ben mi sizi aramıyorum, yoksa siz mi beni çağırmıyorsunuz, belli değil orası. Siz beni unutuyorsunuz, sonra da suçu bana yüklemeğe kalkıyorsunuz. Bakın, beni öylesine unutmuşsunuz ki gene Keziban diyorsunuz, benim adım Allı olmamış mıydı?

Utandım, yere eğdim gözlerimi. Kolumdan tuttu:

— Bırakın şimdi bunları, dedi. Beni unuttunuz diye sitem etmeğe gelmedim. Başka yüzden benim gelişim... Bir şiir okuyordunuz şimdi, neydi o şiir?

Baki'nin o iki beytini bir daha söyledim. Gene güldü Allı.

— Neden gülüyorsun? diye sordum. Beğenmedin mi sen bu beyitleri?

— Beğendim, beğenmedim, o değil beni güldüren. Bu beyitler güzel mi? Güzel olabilir mi? Orasını düşünmüyorum bile. Sizin durumunuza gülüyorum ben. Bir yandan tutturuyorsunuz: "Biz bu şiirleri sevdikçe, çocuklarımıza bunları öğrettikçe gerçekten Batılı olamayız, gerçekten devrimci olamayız" diyorsunuz, bir yandan da biraz yalnız kaldınız mı, bir iki arkadaş gördünüz mü, başlıyorsunuz bunları okumağa. Neden silkinemiyorsunuz bu ikilikten?.. Darılmayın, asıl düşündüğümü söyliyeyim: neden yalan söylüyorsunuz? Bu beyitleri seviyorsanız, divanları kapatalım demeniz yalandır; divanları kapatmak istiyorsanız bunları sevmiyorsunuz, güzel bulmuyorsunuz demektir. Ya biri, ya öteki.

— Bir bakıma doğru bu senin dediğin, Allı... Ama neden "yalan" diyorsun. Önce "ikilik" dedin, belki daha uygundu o söz. Doğrusunu istersen, ben yalandan kaçındığım için o ikilikten kurtulamıyorum. Fuzuli'nin, Baki'nin şiirlerini sevmiyorum, beğenmiyorum desem yalan söylemiş olacağım, ama o şiirlerin bundan sonra da yaşıyabileceğine, çocuklarımıza onları öğretmek gerektiğine inandığımı söylesem, o da yalan olacak... Duygularımla düşüncelerim arasında bir ayrılık, bir uyuşmazlık var. Ne yapayım? Devrim çağlarında öyle olur... Bizler, bugün ben yaşta olanlar, o şiirlerle, saz ezgileriyle yetiştik, içimize onlar işledi, gözlerimizi içimize çevirince onları görüyoruz.

Görmüyoruz diyelim de doğruyu gizlemiş mi olalım? Biz onların atılması, unutulması gerektiğini düşüncemizle kavradık. Onu da biliyoruz, yarın bu şiirlerin, bu ezgilerin sevilmiyeceğini, bunların kimseye bir şey söylemiyeceğini iyice biliyoruz. Duygularımızı savunacağız diye bildiğimizi saklıyalım mı?

Allı acır gibi baktı bana:

— Peki, dedi, yalan demiyelim, ikilik diyelim. Ama bu ikiliğe nasıl katlanıyorsunuz? Duygularınız sizi bir yana sürüklerken düşünceleriniz öte yana sürüklüyor, demek ki bir çırpınma içindesiniz siz, kendi kendinizle çatışıyor, kendi kendinizle savaşıyorsunuz. Böyle yaşamak çekilir mi?

— Bizim erinç içinde, *huzur* içinde olduğumuzu ileri sürdüm mü, Allı? Değiliz, erinç içinde değiliz biz, erinç içinde olmağı da aramıyoruz, dilemiyoruz. Evet, durmadan çarpışıyoruz kendi kendimizle, savaşıyoruz, düşüncelerimizle duygularımızı yenmeğe, duygularımızı susturmağa çalışıyoruz. Doğrunun düşüncelerimizde olduğunu biliyoruz da onun için... Erinç içinde olmak, duygularımızla düşüncelerimizi uzlaştırmak, bizim beğendiğimiz, sevdiğimiz şeylerin yaşıyacağına inanmak, böylelikle kendi kendimizi de, elimizden gelirse çevremizdekileri de kandırmak... İstenilecek bir durum mudur bu? Birtakım kimseler var: "Kişi kendini şu, bu inançlara bağlarsa, içini saran sorulardan kurtulur, yaşamanın tadını daha iyi çıkarır" diyorlar. Yoksa sen de onlar gibi mi düşünüyorsun, Allı? Düşüncemizi susturarak yaşamak, bakmıyarak, görmiyerek, bize belletilmiş olanlara bağlanarak yaşamak... Kişioğluna yakışır bir yaşama mıdır öylesi?

— Duygularımızı susturarak yaşamak kişioğluna yakışır mı? Yalnız düşüncenin mi değeri vardır? Duygunun yok mudur?

Allı bunu sorunca şaşalayıverdim. Kişiyi bir yanda düşünce, bir yanda duygu diye ikiye ayırmak doğru mudur? İyice bir bakılınca, gerçekle düş biribirinden büsbütün ayrı olmadığı gibi, duygu ile düşüncenin biribirinden başka şeyler olmadığı söylenemez mi? Benim Baki beyitlerini, Fuzuli beyitlerini sevmem yalnız duygudan mı geliyor? O da düşüncenin etkilediği, düşüncenin yarattığı bir duygu değil mi? Bir şiiri, bir sanat eserini yalnız duygularımızla sevebilir miyiz? Yalnız düşüncelerimizle de sevemeyiz. Düşünce ile duygunun biribirine karışması, biribirinden ayırt edilmezcesine birleşmesi gerektir. Ben Baki'nin bir beytini sevdiğimi söylerken, onu düşüncemle mi, yoksa duygumla mı beğeniyorum, bilemem orasını... Bunun için şaşaladım Allı sorunca. Sonra toparladım kendimi:

— Evet, Allı, dedim, yalnız düşüncenin değeri vardır, duygunun yoktur. Duygularımızı da düşüncenin seçmesi, düşüncenin yetiştirmesi, eğitmesi gerektir de onun için. Bizim çocukluğumuzdaki düşünceler bizi Divan şairlerini, saz ezgilerini beğenecek, onlarla duygulanacak duruma getirdi. Bizde o şiirlerden, o ezgilerden duygulanmak gücü kendiliğinden yoktu ya! aldığımız eğitim, çevremiz aşıladı bize o gücü. Büğünkü düşünce ise onları beğenmemeği, onlarla duygulanmamağı aşılayacaktır, onu aşılaması gerektir.

— Neden?

— O duyguları aşılıyan düşüncelerden yüz çevirdik, onların çağımıza uygun olmadığını anladık da onun için... Herkes anlamadı bunu, birçokları var, eskiyi yaşatabileceklerini, ölmüşü gücün diriltebileceklerini sanıyorlar. Bunun için de duyguyu sürüyorlar öne... Duygu, duygu, inanç... Hep bunu duyuyoruz. Bilmiyorlar, anlamıyorlar ki duygu da, inançlar da ancak düşünceye dayanırlarsa, onları destekliyecek bir düşünce varsa yaşıyabilirler. Eski düşünceler, eski görüş yenildi, onlardan güç alan, kaynağını onlarda bulan duygularla inançlar da söndü demektir. Büğün o duygularla, o inançlarla yaşamak istiyenler ancak birtakım boş sözlerle geçiniyorlar...

Yarına Kalamayız

Dilimizin, Batı uygarlığı (*medeniyeti*) Türkçesinin kuruluş çağında yaşıyoruz. Hoş bir yanı var doğrusu, tatlı tatlı düşler veriyor kişiye, koltuklarını kabartıyor: "Şu kavramı gösterecek bir söz yoktur dilimizde, ben buldum, ben attım ortaya, bundan sonra kullanılır" diyorsunuz. İyi mi o söz, değil mi? Sizce iyi, kuzguna yavrusu güzel görünürmüş... Çevrenizde beğenilmiyor, türlü yanlışları, türlü eksikleri olduğunu söylüyorlar. Biribirimizin yaptığına dudak bükmeği huy edinmişiz de onun için. Yalnız o yüzden değil: okumuyoruz, kendi yazdıklarımızdan başkasını şöyle gerçekten bir ilgi ile okumuyoruz. M. Nermi *Yeni İstanbul*'da, ne güzel sözler kuruyor. Kullanıyor muyuz onları? Unutuveriyoruz, unuttuğumuz için bir de kendimiz uğraşıyoruz. Peyami Safa "erreur" karşılığı olarak *yanılgı*'yı öne sürüyor, çok iyi bence. Ama yarın ben de "erreur" demek isteyince o sözü bakalım hatırlıyacak mıyım? Onu ben düşünmediğim için, üzerinde ben uğraşmadığım için, usuma iyice işlemiyor, çabucak silinmiyen bir iz bırakmıyor.

Kimin yaptığı, kimin öne sürdüğü bilinmiyen sözler daha çabuk yerleşiyor, daha çabuk tutuyor. Neden? Biribirimizi çekemiyoruz da onun için. "*Yanılgı*'yı Peyami Safa bulmuş, o kullansın, ben onun bulduğu sözü istemem, ben de kendim ararım, benim bulduğumun yerleşmesine çalışırım" diyoruz. Doğrusu bunun da iyi bir yanı var... *Yanılgı* iyi ya, sizin bulacağınız belki daha iyi olur, daha beğenilir, daha çabuk tutar. Ama iş o değil: yenmeğe çalışalım kendimizi, biribirimizi çekememekten kurtulmağa çalışalım, unutalım o sözü kimin yaptığını, dilimizde ötedenberi varmış gibi kullanalım, benimsiyelim onu. Büğün gereken hepimizin bir başkalık, bir özgünlük (*original'lik*) göstermesi değildir, bir sıkıntı çekiyoruz, Batı uygarlığıyla değinmekten (*temastan*) edindiğimiz düşünceleri, kavramları söylemekte sıkıntı çekiyoruz, o sıkıntıyı elbirliğiyle gidermeğe çalışalım.

Yarının Türkçesi ne olacaktır, büğünden kestiremeyiz. Ancak bundan yüz yıl sonra konuşulacak Türkçenin, yazılacak Türkçenin ne olmıyacağını biliyoruz. Arapça, Farsça sözlerden büsbütün arınacak mı? Sanmıyorum. Arapça olduğunu hiç düşünmediğimiz sözler var dilimizde. Ben "dek" diyorum, "değin" diyorum, "denli" diyorum, ama Arapça "kadar" sözünü dilimizden yüz yılda, iki yüz yılda da atmak kolay değildir, "asıl" da kalır, daha böyle çok sözler kalır, "ama" sözünü ben de bırakamıyorum. 2050 yılı yazı Türkçesinde elbette birçok Arapça sözler bulunacaktır, yalnız iyi biliyoruz ki "tasavvur" gibi, "tevehhüm" gibi, "müteali" gibi sözler kalmıyacaktır. Dile derinden derine işlemiş, konuşma diline girmiş sözler yaşasa da ancak kitaplarda, bilim tartışmalarında geçen Arapça sözler duramaz. 2050 yılının Türk aydını onlarla düşünmiyecek, onlarla düşünemiyecek de onun için.

Dilin kuruluş çağında yaşamanın hoş bir yanı var. Yarının Türkçesinde hepimizin, küçük büyük, birer payı olacağını biliyoruz, onun için seviniyoruz. Ama acı bir yanı da var: büğün yazdıklarımızdan birinin bile bundan yüz yıl sonra okunmıyacağını biliyoruz. Biz şimdi "eski Türkçe" ile yazıyoruz. 2050 yılında bizim yazılarımızı ancak dilin tarihini inceliyenler, bilginler okuyacaktır. 2050 yılında Cahit Sıtkı Tarancı'nın, Fazıl Hüsnü Dağlarca'nın, Sait Faik Abasıyanık'ın şiirleri, hikâyeleri üzerine uzun uzun incelemeler yazılabilir, o olur, ama o şiirler, o hikâyeler, örneğin bütün Fıransa'da Chénier'nin, Hugo'nun şiirlerinin okunduğu gibi okunamaz. Biz şimdi Fuzuli'yi, Nefi'yi, Tevfik Fikret'i niçin okumuyorsak, Fıransızlar da *Chanson de Roland*'ı, Villon'u niçin okumuyorlarsa, onlar da 2050 yılında onun için okunmıyacaktır. Dilleri eski dil olduğu için, kolay kolay anlaşılamadığı için. Okullarda gösterilebilir, yazıları o günün diline az çok çevrilebilir, o başka. Ama bu okunmak değildir.

Biz işte bunu bildiğimiz için içimizde bir sızı duyuyoruz. Avrupalı bir yazar: "Ben değerimin şimdi anlaşılamıyacağını biliyorum, ben büğünün kişileri için değil, 2050 yılında yaşıyacak olanlar için yazıyorum, benim kitaplarımı onlar okuyacaktır" diyebilir. 19. yüzyıl başında Stendhal'in dediği gibi. Ama biz, Türk yazarları, büğün böyle bir umut besliyemeyiz. Değerimiz ne olursa olsun, büğün beğenilmezsek, büğün okunmazsak, yarın beğeniliriz, kitaplarımız elden ele dolaşır diye düşler kuramayız.

Bunu önlemek istiyenler var. Dil devrimine karşı koyanların çoğu, en çok şairler, hikâyeciler, kendileri bilmeseler de, bunun için üzülüyor, dilin değişmesini durdurmağa çalışıyorlar. Ellerinden gelirmiş gibi! dilin değişmesini şu bu buyurmuş da şunun bunun buyurması durdurmağa yetermiş gibi! Biz ne yaparsak yapalım, hepimiz bir olup karşı koymağa kalkalım, dil gene değişecektir. Toplumumuzun yüz bu kadar yıldır geçirmekte olduğu büyük devrimin sonucudur bu değişme, o devrim derinleştikçe, yayıldıkça dilimiz de, yeni isterlere uymak için, değişecektir. Dilimiz değiştikçe de şairlerimizin, hikâyecilerimizin yazdıkları anlaşılmaz olacaktır, hiç olmazsa kolay kolay anlaşılamıyacaktır.

Elden ele dolaşan kitaplar ise dilleri kolay anlaşılanlar, bir çağın konuşma diline değilse de düşünme diline uygun olanlardır. 2050 yılının Türk okur-yazarı ise Cahit Sıtkı Tarancı'nın, Fazıl Hüsnü Dağlarca'nın, Sait Faik Abasıyanık'ın dili ile konuşmıyacağı gibi o dille de düşünmiyecektir. (Neden o üç kişiyi andım da başkalarını değil? Büğünün yazıları içinde en canlı, en güzel onlarınkini buluyorum da onun için. Ötekiler yazdıklarını sevmediğim için böyle söylediğimi sanabilirlerdi.)

Bu değişmeden, bu altüst olmadan, ummıyalım, birimiz bile kurtulamayız. Doğrusunu isterseniz, kurtulmak istiyenleri de anlıyamıyorum. Büğünün şairlerinden, yazarlarından birini alın, gönlünüz hangisini dilerse, sorun ona: niçin Namık Kemal gibi, Tevfik Fikret gibi yazmıyor? Niçin Fuzuli gibi, Nedim gibi yazmadığını da sorabilirsiniz, ama o çok yavuzca bir soru olur, bırakalım onu, Tevfik Fikret'in, Namık Kemal'in dilinden niçin ayrıldığını sormakla yetinelim. Kendisi onların dilini bırakmakla onların şiirlerini, yazılarını eskitmiş oldu, yeni bir dil getirerek onların dilinin kolayca anlaşılmasına, büğün de o dille düşünmemize engel oldu. Kendisinin onlara karşı işlediği suçu bundan sonrakiler de ona karşı niçin işlemesinler? Kendisi o şairlerden, bütün geçmişimizin şairlerinden, yazarlarından daha mı üstün? Hepsinin unutulmasına, okunmaz birer yazar olmalarına izin var, ama kendisi kalacak. Çocuklarımız, torunlarımız, torunlarımızın torunları onun yazdıklarını kolayca, seve seve okusunlar diye dil devrimi duracak... Seçeceğiniz yazar, şair kendini bu denli beğendiğini açıkça söyliyebilir mi?

Paul Valéry'nin bir sözü vardır, ağızlarda çok dolaştı: "Biz, uygarlıklar, ölümlü olduğumuzu biliyoruz..." Çağlar vardır, kişioğlu bu üzücü doğruyu içinden iyice duyar, kolu kanadı kırılmışa döner. Biz öyle bir çağda yaşıyoruz: dünün en güzel şiirlerinin, en büyük yapıtlarının (*eserlerinin*) dilleri eskidiği için büğün okunamadıklarını görüyoruz, bundan biçerek bizim yazdıklarımızın da yarın okunamıyacağını anlıyoruz. Ölümü yalnız etimizde değil, düşüncemizin etinde, yâni dilimizde duyuyoruz. Ne yapalım? Böyle bir çağda doğmuşuz. Yarın adımız anılmasa bile yarının dilinde bizim çalışmalarımızın da bir izi olacağını, bir payımız olacağını düşünerek, bu umuda kendimizi bırakarak avunmağa bakalım!

Bir Mektup

– *Bay Cahit Tanyol'a* –

Derginizin, *Akademi*'nin ilk iki sayısını tırılca buldum, onun için bir daha almıyayım diyordum. Üçüncü sayısında bana bir cevabınız olduğunu öğrendim; zahmet edip yazmışsınız, ben de aldım okudum. İyi etmişim aldığıma: yazınız sevindirdi beni, bir değil, birkaç yönden sevindirdi, anlatayım.

Önce şunu söyliyeyim size: o yazınızı, şimdiye değin gördüklerimin hepsinden çok beğendim. İyi bir yazıdır demiyorum, ama okunabiliyor. Öteki yazılarınızda bir sıkıntı, bir zorakilik sezilir, dokunduğunuz konuların sizi şöyle gerçekten ilgilendirmediği, o soruların sizi içinizden kavramadığı pek bellidir, düşüncenizin yetersizliğini birtakım karışık, edebiyatça sözlerle örtmeğe kalkarsınız. Bu kez içinizden gelen bir sese uyarak yazmışsınız. Kırılmışsınız, gücenmişsiniz, belki öfkelenmişsiniz, bir şeyler olmuş. Öfke, yazı yazan kişiye sevgi gibi, inan gibi iyi bir yoldaş değildir, ama ne de olsa ilgisizlikten yeğdir. Bir gün bir yazara gerçekten, şöyle benliğinizi saran bir güçle hayran olursanız, bir düşüncenin doğruluğunu sanki etinizde duyuverirseniz, bu dediklerimi o gün daha iyi anlarsınız.

Sevinmemin ikinci sebebi beni artık beğenmediğinizi, sevmediğinizi söylemenizdir. İnan olsun, Bay Cahit Tanyol, sizin beni beğendiğiniz yazarlar arasında saymanız gücüme gidiyordu. Bunu sizi küçümsediğim için, sizde bir değer bulmadığım için söylemiyorum; ama sizinle ben biribirimizi sevebilecek kişiler değiliz, yaradılışımızda bir uzlaşmazlık, biribirimizden bir uzaklaşma var. Siz rahat bir kişisiniz, kaygılarınız dahi size bir rahatlık veriyor; biliyorsunuz, öğrenmişsiniz. "Oh! doğru yoldayım ben" diyebiliyorsunuz. Bakın, bana yazarlığı bırakıp da Muammer Karaca'nın kumpanyasına girmemi öğütlerken içinizin rahat olduğu nasıl da gözüküveriyor! Muammer Karaca seyircileri eğlendirmeğe bakan, büğün var, yarın yok küçük bir sanat eri; siz büyük sanatla uğraşan bir aydın!.. Ben ise kaygılarımdan bir türlü kurtulamam. Fıransız yazarlarından Jacques Rigault'nun "Kesin de söylesem gene sormaktayım" diye bir sözü vardır, ben her yazımın üzerine onu koyabilmek isterdim.

Muammer Karaca sözünü öyle çabuk kapatmıyalım, o oyuncunun iyi olduğunu sanıyorum, gidip görenler hoşnut dönüyor, gülüp eğlendiklerini söylüyor, gene görmek istiyorlar. Ben, her sırası geldikçe söyledim, bizde bizim olacak tiyatronun, iyi, güzel, tiyatronun ancak öyle halk arasına karışan, kendilerini halka sevdiren oyunculardan, *tuluat*'çılardan doğacağına inananlardanım. İşine yarıyabileceğimi umsam, hiç durmaz, Muammer Karaca'ya gider, beni de kumpanyasına almasını dilerdim. Ama, biliyorum, oyunculuk elimden gelmez; denedim, beceremedim; kendi benliğimden çıkıp başka bir benliğe giremiyorum... Muammer Karaca! ne de güzel adı var! Karacaoğlan gibi. Toprağımın kokusu var o adda; öyle *Akademi* gibi yaban sözü değil.

Yazınızı okuduğuma başka yönlerden de sevindim: bana bazı düşündüklerimi bir daha söylemek, yeniden söylerken biraz daha açıklamak fırsatını veriyorsunuz. Sağolun... Baştan başlıyalım.

Diyorsunuz ki: "*Doğrusunu söylemek lâzımsa, bu tarzda konuşmak* (yâni benim sizin *Akademi* dergisi üzerine konuştuğum gibi konuşmak), *artık sizin gibi yaşını başını almış bir adama yakışmıyor.*" Size şunu bildireyim, Bay Cahit Tanyol: ben bundan yirmi beş, yirmi altı yıl önce yazın alanına girerken: "Besmelesiz çıktım yola – Dil uzattım sağa sola" dedimse, öyle deyişim gençliğimden değildi; o gün bu gündür hep inandıklarımı yazarım. Uslanmıyacağım ben; sizin gibi efendi efendi bir yazar olmıyacağım. Yaşımla övünmedim: ne gençliğimle övündüm, ne de şimdi ihtiyarlığımla övünürüm. Beni öven yazınıza sinirlenmiş olduğumu hatırlattıktan sonra: *"Siz ne acayip yaratıksınız, tıpkı bir ısırgan otuna benziyorsunuz; ısırgan otu da sizin gibi huysuz bir bitkidir. Göğse takmak, sevgiliye vermek niyetiyle de insanın elini tırmalamak huyundan vazgeçemez"* buyuruyorsunuz. Gül de öyledir ya, bilmişsiniz benim ne çiçek olduğumu. Her göğse takılmak, olur olmaz sevgililere verilmek işime gelmez benim; beni koparacak elin ne el olduğunu bir anlamak isterim. Ben, Ahmet Hamdi Tanpınar gibi Hoca Neşet'e uyarak: *"Biz özge hâceyiz herkes ile bâzârımız vardır – Tükenmez fikrimiz, efkâr olunmaz kârımız vardır"* deyip boyuna dost arıyanlardan değilim. Yâni siz beni beğendiniz, bir yazınızda övdünüz diye benim hemen ağzım kulaklarıma varmalı, ben "Hay ne büyük adammış şu Bay Cahit Tanyol!" diyivermeliydim, değil mi? Yağma yok! ben koparılacak çiçek değilim, kendim çiçek ararım. Beni beğenmiyen çok kişiler varmış. Allah artırsın! siz de aralarına karıştınız, daha iyi oldu. Benim beğendiklerim bana yeter.

Acı söylediğinizi sanıp: *"Çevrenizde, sizi acı sözlere karşı avutacak genç dâhileriniz eksik olmaz"* diyorsunuz. Doğrusunu söyleyin, Bay Cahit Tanyol, siz de o dâhilerden olmak istemez miydiniz? Sizin şiirlerinizi, eleştirme yazılarınızı öven şöyle ufak bir söyleşi yazıverseydim, iyi etmez miydim? Sizi tanıtmış olurdum, benim sözüme inanıp sizi beğenenler de belki bulunurdu... İş öyle değil, Bay Cahit Tanyol, iyi olmıyan şairi, iyi olmıyan yazarı iyi sandırmağa benim gücüm yetmez; ben, birkaç genç şairi övdümse onları tanıtmak için övmedim; gerçekten beğeniyordum da onun için beğendiğimi söyledim. Benden onlara değil, ancak onlardan bana şeref gelebilir. Yazılarımı okumuş olsaydınız, hiçbirine "dâhi" demediğimi de görürdünüz. Hiç sevmem o "dâhi" sözünü, bütün ömrümde alay etmeden beş kez ya kullandım, ya kullanmadım. Ama sizin benim yazılarımı okumadığınız, *İnsan*'da mıydı neredeydi, o beni övmek için yazdığınız yazıdan da belliydi.

Benim *politika, siyaset* demeyip *yurt-yönetimi* deyişimi anlamamışsınız; olur a, anlamazsınız! *"Politika ile yurt-yönetimi arasındaki münasebeti kavrayamadım"* buyuruyorsunuz. Kavrayamasanız da olur ama ben bir anlatayım: Yunanca *polis* sözü şar, kent, balığ, medine, *cité* demektir; *politikos* şehirli, balığlı, *cito-*

yen, yurttaş demektir; *politike* sözü de bir şehirlinin, kentlinin, balığ kişisinin o balığın işlerinin yönetimine karışmasıdır; bügün de sözlükler Fıransızca *politique* sözünü: "Bir devleti yönetmek uzluğu, *hüneri*" diye tanımlarlar. Ben de onu düşünerek *yurt-yönetimi* dedim; ama biliyorum ki bu söz *politika* sözünün öteki anlamlarına uymaz; örneğin *bir kimsenin bizi övmesini sağlamak için onu övmeğe kalkmak* anlamına gelemez... Yurt-yönetimi demeği ben pek beğenmedim, başka bir karşılık arıyacağım; ben bulamazsam başka bir kimse bulur, daha bir iyisi çıkınca ben de *yurt-yönetimi* sözünü bırakırım. Ama şimdilik *yurt-yönetimi* demeği *politika* gibi yaban bir sözü, yâni benim dilimden olmıyan bir sözü kullanmaktan yeğ buluyorum.

Ben, sizin dediğinize göre, bilginlerle alay eden bir kişiymişim... Ne de iyi bilmişsiniz!.. Bilginlere saygım vardır, Bay Cahit Tanyol, ama öyledir diye bilginlik takınan her kişiye saygı gösteremem. Biliyorsunuz, ortalık pahalı, gürültüye pabuç bırakmanın sırası değil. Ama size karışmam, siz istediğinizi bilgin sayıp önünde diz çökün, derslerini öğrenin; onlar da size bilgisever diye bakar, belki iyi bir şair olduğunuza dahi kanarlar. Kendiniz söylüyorsunuz, ben artık yaşımı başımı aldım, öyle çocukluklar etmem doğru olmaz.

Gelelim Türkçenin bozulmasına... Diyorsunuz ki: *"Türkçe Türkçe olalı, sizin kadar Türk diline saygısız bir adam yetişmemiştir. Gerçi sizden beş on sene evvel, kısa bir zaman için, bazı yazarlar da bu işe girişmişlerdi; lâkin buyruk yürürlükten kalkınca, onlar da bundan vazgeçtiler."* Anlaşılıyor ki benim Türk diline saygısızlığım yahut saygısızlıklarımdan biri, ya başkalarının kurduğu, ya benim kurduğum yeni Türkçe sözleri kullanmaktır. Siz, bilgin saydığınız birkaç kişiye yaranmak için, *"bazı yazarların da bir emirle, bir buyrukla o işe girişmiş"* olduklarını söylüyorsunuz; bu sözünüzde, bizim bağlı kalmakla onurlandığımız bir hâtıraya saygısızlık var; ama ben ona karışmıyacağım, yalnız size şunu söyliyeyim: yeni sözleri kullanmak Türkçeye bir saygısızlıksa, o saygısızlığı siz de gösteriyorsunuz: işte bakın, *muharrir* demeyip *yazar* diyorsunuz; *meriyet* demeyip *yürürlük* diyorsunuz... Yâni, Bayım, ne dediğinizi bilmiyorsunuz.

Benim Türkçeye bir saygısızlığım daha varmış: Türkçenin

sözdizisini, *nahvını* bozuyormuşum. Bozmuyorum, düzeltiyorum. Benim için Türk dili, Türk yazını sizin yüce bilginlerinizden, Edebiyat-ı Cedidecilerden, Tanzimatçılardan başlamaz; ben eski yazarlarımızı, Mercimek Ahmet'i, Âşıkpaşazâde'yi de arasıra açıp okurum; onların dili, sizin imrenerek baktığınız yazarların dili gibi kaskatı kesilmemiştir; konuşma dilimizin sıcaklığı vardır onlarda. Türkçeyi bozmuşlar, bozmuşlar, esnemeden okunamıyan bir dil haline getirmişler; demek ben de dilimizi canlı canlı yazanlara uymayıp sizin "dâhi"lerinize, hani benim genç "dâhi" lerim gibi sizin de gençli, ihtiyarlı "dâhi" leriniz var, onlara uyacağım! Hiç bakmayın bana, Bay Cahit Tanyol, kandıramazsınız.

Benim dilim eğlenceli imiş, *"şu sizin üslûbunuzla bir fizik veya matematik kitabı yazdırsak ne iyi olur. Okullarda öğrenciler bu derslere bir türlü ısınamıyor, hep sınıfta kalıyorlar; halbuki o zaman bu dersleri sevmiyen çocuklar dahi, Nasreddin Hoca'yı okur gibi, bütün fen derslerini fıkır fıkır gülerek öğrenirler. Ankara'daki pedagoglara bir teklif ediniz, bakalım ne diyecekler?"* diyorsunuz. Öyledir benim deyişim, eğlencelidir; sizinki gibi, sizin pek beğendiğiniz kimselerinki gibi kişinin içine bunaltı veren bir dil olacak değil ya! kolay da anlaşılır; dediğiniz gibi, keşke bilim betiklerini benim deyişimle yazsalar, çocuklar kolayca anlayıp öğreniverirler. Sizin İstanbul bilginleriniz beğenmeseler dahi Ankara eğitimcileri belki bir denerler...

Akademi sözünü de siz bilginler, aydınlar derneği anlamında kullanmamışsınız. *"Amerika'da ortaokullara bu ismin verildiğinin farkında olsaydınız, böyle yersiz bir hücuma kalkışmazdınız"* diyorsunuz. Ya! demek siz derginize ortaokul dememek için *Akademi* dediniz. Hiç aklıma gelmemişti! iyi düşünün, belki de "akademi" sözünü *çıplak resmi* yerine kullanmışsınızdır.

Daha diyeceklerim vardı ama bıktım artık. Hoşçakalın.

Günün Getirdiği

Eskiden yazılarımın kiminin başına da bu adı kordum. Sonra *Günlerin Getirdiği* diye bir kitap çıkardım, bir daha da o adı kullanmağı doğru bulmadım. Ama, belki duymuşsunuzdur, büğünlerde bir kitabım daha çıktı: *Sözden Söze*. Peki, bu adı da bir daha yazılarımın üzerine koyamıyacak mıyım? Yapamam. Bir şair, Bağdatlı Esat: *"Yârdan kat'-i nazar eylerim, ey dil! dersem – Pek inanma sözüme, söylerim amma edemem"* demiş. Ben de öylesine... Çok severim "sözden söze" demeği, yakışıyor da benim konuşmalarıma, söyleyişlerime. Kendimi zorlasam da duramam bir konuda, arada aklıma bir şey gelmiş, esmiş, yeri mi, sırası mı, düşünmem bile, ille söyliyeceğim. İyi mi bu? İyidir, kötüdür demiyorum ben, öyleyim işte, belki de ağırbaşlı olmayışımdan, elime aldığım bir konuyu şöyle bütün yanları, yönleri ile incelemeği beceremeyişimdendir, olsun, bu yaştan sonra huyumu değiştirecek, kendimi düzeltecek değilim ya!

Biliyorum, kimi de bu yüzden kınıyor beni. Biri, geçenlerde, dudak bükerek: *"Söz olsun* diye *karalama* yazanlar..." diyordu. Ben olsam, "yazanlar" yerine "çiziktirenler", yahut "çırpıştıranlar" derdim ya, neyse! her yiğidin bir yoğurt yiyişi var, o da öyle yiyor. O istediği kadar dudak büksün, ben gene *söz olsun* diye *karalamalar* çırpıştıracağım, *sözden söze* atlıyacağım, *günlerin getirdiği*'ni, bir değeri var mı, yok mu, araştırmadan söyleyivereceğim. Neden bu? Söylemeği, konuşmağı, yazmağı severim de onun için. İlle bir konuya bağlanayım, ondan ayrılmıyayım desem sıkılırım, insan da sevdiği bir işin kendisini sıkmasını ister mi?

Bir konuya bağlanmak, bir sözü söylemenin yeri, sırası olup olmadığını düşünmek daima sıkar mı insanı? Daha doğrusu her insanı sıkar mı acaba? Sanmıyorum. Nice kimseler vardır, birtakım kurallara uymaktan, bir işe kendilerini bağlayıp uzun uzun çalışmaktan hoşlanırlar. Yavaş yavaş yazarlar, uğraşır uğraşır da bir üz *(sahife)* yazı çıkaramazlar. Yorulmazlar onlar, bıkmazlar, ertesi gün de gene öyle çalışmağı göze alırlar. Bir sevinç içinde çalışırlar. Öyle didinmek bir mutluluk verir içlerine, gönüllerince çalışmanın, yaratmanın mutluluğu... Bir diyeceğim yok onlara. Daha da ileri gideyim: imrenirim öyle çalışanlara. Yazarlar, bozarlar, büğün beğendiklerinde yarın bir kusur bulurlar da düzeltiverirler onu, yaptıklarının yarını, yüzyılları aşacağına inanırlar. Güzel bir şey doğrusu! ne yapayım ki ben öyle kişilerden değilim, dayanamam onlar gibi çalışmağa. Dedim a, sıkar beni. Onlar sıkılmazlar, tam tersine, hoşlanırlar öyle çalışmaktan, didinmekten.

Hangisi iyidir bunların? Onlar gibi bir iş üzerinde uzun uzun çalışmak mı, yoksa bizim gibi, benim gibi çabucak bitirmek mi? Bir şey söyliyeyim ben size: o iyidir diyenlere de, bu iyidir diyenlere de inanmayın. Adamına göre değişir o. Kimi vardır terler, bunalır, fare doğuran dağ gibi ortaya eciş bücüş bir eser kor. Sonra bir de hayran oluverir ona, sormayın! Flaubert *Madame Bovary*'yi bilmem kaç yılda yazmış, onu anar da: "Ben de onun gibi çalıştım işte!" der. O kadar yılda yazılmış her eser bir *Madame Bovary* mi olur sanki? Bakın Victor Hugo'ya, belli ki çabuk çabuk yazarmış, yoksa şiir, nesir o kadar yazıyı nasıl çıkarırdı? Yavaş yavaş, ağır ağır çalışanlar, Boileau'nun öğüdüne uyup da yazdıklarını yirmi kere gözden geçirenler, boyuna silip düzeltenler arasında bir Flaubert varsa, ötekiler, Boi-leau'nun öğüdüne kulak asmıyanlar arasında da gene öylesine büyük yazarlar bulunur.

Monsieur Gide'in *Günce*'sinde (*Journal*'inde) okudum, o da Jules Lemaître'den öğrenmiş, Molière öyle çabucak yazanlardan değilmiş, uzun uzun uğraşırmış, ama herkes kolayca oynar gibi yazdığını sansın istermiş. Bir şiir, bir hikâye üzerinde şu kadar gün, şu kadar ay, hattâ şu kadar yıl uğraştıklarını göğüslerini gere gere, çevrelerinden hayranlık bekliye bekliye söyliyenlerin kulakları çınlasın! Molière kendi de söyler zaten, kendi söylemez, kendisine çok benziyen Adamcıl'a, Alceste'e söyletir: "Zamanın bir etkisi yoktur bu işte, Bayım!" Bunu bildikten sonra kişinin, az zamanda yazdım, yahut çok uğraştım bunun üzerinde diye övünmesine gülünmez de ne yapılır?

Günü gününe de uymaz insanın: bir bakarsınız, çabucak yazar yazacağını, bir bakarsınız daha da küçük bir yazı üzerinde günlerce uğraşır. Hem Efendim, kişinin yaşlanmasını, yıllarla edindiği görgüyü hesaba katmıyor musunuz? Nice yazarlar vardır, gençliklerinde çok uğraşmışlardır, bir üz yazı üzerinde bunalmışlar, terlemişlerdir, sonradan kolaylığa ererler. Huyları mı değişmiştir onların? Sanatlarını önemlemez mi olmuşlardır? Yooo! bulmuşlardır artık yollarını. Eskiden ancak arıya arıya buldukları sözler artık kendiliklerinden gelir kalemlerinin ucuna. Bilirsiniz ressam Whistler'in sözünü. Bilmem hangi zengin ona resmini ısmarlamış. Otuz bin altına pazarlık etmişler. Whistler resmi bir iki saat içinde bitirivermiş, zengin kızmış buna: "Kişinin iki saat çalışmasına karşılık otuz bin altın alması doğru değildir" demiş, vermemiş parayı. Yargıç önüne gitmişler. Whistler: "Ben bu resmi iki saatta yapmadım ki! ben elli yaşındayım, elli yıllık görgülerim, deneylerim, emeklerim, elli yıllık hayatım vardır bu resimde" demiş. Yazılarını çabucak bitiren yazarların çoğu da öyle ermişlerdir kolaylığa, yıllarca sıkıntı çektikten sonra çabucak yazmağa ulaşmışlardır.

Hem siz: "Ben uzun uzun çalıştım, şu kadar yılda çıkardım bu eseri!" diyen her kişiye inanır mısınız? Bir bakıma doğrudur söylediği: romanını yazmağa başlamasiyle bitirmesi arasında diyelim ki on beş yıl geçmiştir, ama o on beş yıl içinde başka neler yapmış, bir de onu sorun. Aydan aya, bayramdan bayrama almıştır defterini eline, pek bir sıkıldığı günlerde, yapılacak başka bir iş bulamadığı, karşısına dedikodu edecek kimse çıkmadığı saatlarda yazmıştır. On beş yılda yazılmış değil, birkaç günde çırpıştırılmıştır onun kitabı, ama o birkaç gün on beş yıla dağıtılmıştır, ne çıkar ondan?

Flaubert'in çalışması... Bakalım onunki de doğru mu? Çok

oluyor, daha gençlik yıllarımda, Emile Faguet'nin bir yazısını okumuştum, o eleştirmeci inanmadığını söylüyordu, hatırımda kaldığına göre: "Tembelliğindendir" diyordu, "sözlerini birer birer seçermiş, cümlelerin yüksek sesle okununca kulağa hoş gelmesine çalışırmış, yalan hepsi, mektuplarındaki dili, deyişi de pürüzsüzdür, güzeldir, onları çabuk çabuk yazarmış. Romanlarını yazmaktan sıkılırmış, üşenirmiş de onun için her birini birkaç yılda çıkarırmış" diyordu. Belki de doğrudur Emile Faguet'nin yargısı. Albert Thibaudet ile Marcel Proust, gene hatırımda kaldığına göre, pek öyle düşünmüyorlar, onlar mektuplarındaki dili, deyişi, romanlardaki kadar pürüzsüz, güzel bulmuyorlar. Ben de bu konuda bir şey söyliyemem: benim dirimde yazmamış ki Flaubert. Hem ben pek de sevmem o yazarı, bunaltır beni onun kitapları, Balzac'ınkiler gibi, Stendhal'inkiler gibi sarmaz. Sıkıntı içinde yazıldıkları bellidir. Ondan başka Flaubert insanoğlunu sevmez, boyuna insanoğlunun küçüklüğünü, budalalığını, saçmalarını göstermek ister, nasıl söyliyeyim? *Madame Bovary*'yi de, *Bouvard et Pécuchet*'yi de sanki nefretle, garazla yazmıştır, insanoğlundan nefret, insanoğluna garaz. *L'Education sentimentale*'i ise, ne yalan söyliyeyim, hiç okumadım.

Neden yazdım ben bu yazıyı? Çabuk yazmak, ağır yazmak sözünü bir açan, bu konu üzerinde tartışmaya girişen mi oldu? Hayır, öyle esti aklıma da yazdım. *Söz olsun* diye bir *karalama* çırpıştırayım dedim, büğün de bunu getirdi.

Ölüm Üzerine

Montaigne'den öyle alıştığımız için olacak, her denemede bir dertleşme havası bekliyoruz. İngiliz yazarlarından biri, yanılmıyorsam Robert-Louis Stevenson, her yazının bir mektup olduğunu söyler: uzaklardan, belki yüzyıllar arasından bir dosta, biz tanımasak da bizi seçmiş olan bir dosta yolladığımız bir mektup... Deneme mektuptan da yakındır. Yalnız kaldığımız bir saatta yanımıza sokulan, elini omzumuza koyup "Kardeşim, yaşamak denen macerayı deniyen kardeşim! senin gibi ben de yaşadım, ben de güldüm, ben de ağladım. Dinle benim geçirdiklerimi!" diyen bir kimsenin sesidir.

Lâbüd gelen efsâne olur dehre, Nazîmâ!
Bir gün de bizim hâlimiz efsânelik eyler.

Deneme işte o efsanenin parça parça anlatılışıdır.
Denemeci çırçıplak ortaya uğrasın demiyorum. Dostlarımıza her şeyimizi söylemenin ne lüzumu var? Bizim her diyeceğimizi dinlemek ister mi bakalım? Ama deneme *ben*'in ülkesidir, *ben* demekten çekinen, her görgüsüne, her göreyine ister istemez benliğinden bir parça kattığını kabul etmiyen kişi denemeciliğe özenmesin. Denemeci büyüklenmiyecektir, ama bir insanoğlu olduğu için, insanoğullarından biri olduğu için kendinin de bir değeri olduğuna inanacak, en geçici, en kaçıcı düşüncelerini, duygularını bildirmekten korkmıyacaktır. Denemeci, Montaigne gibi, Hazlitt, Lamb gibi asıl denemeci, okurlarına açılabilen kişidir.

Bacon ise bir türlü açılmıyor. Ölüm gibi hepimizi en çok ilgilendiren bir konuya dokunduğu zaman bile kendini söylemiyor. Descartes gibi her bilgin kişinin de yüzüne aldığı örtüyü hiç kaldırmıyor. Bize öğütler verecek, bilgeliğinden bizi de asılandıracak, geçecek. Kitabında bir dost ararken ancak büyük bir adam, büyüklüğüne pek inanan bir adam buluyoruz. Gönlü yok, aklı var... Gönülsüz insan mı olur? Ama Bacon bizi gönlü ile değil, yalnız aklı ile çekmek diliyor. Gönlünü o kadar gizliyor ki "Bu adamın bir korkusu var, onun için açılamıyor" diyoruz. Pope'un sözü hatırımıza geliyor: "İnsanların en bilgesi, en parlağı, en alçağı." Şair övmede de, taşlamada da şüphesiz aşırı gitmiş, ama doğrusu Bacon da şöyle külfetsizce içine bakmaktan hoşlanmıyor.

Montaigne, umuda bir yer kalmadığı anda bile öleceğimize inanmayışımızla eğlenir: "Her şeyi kendimizle sürükleriz. Bunun içindir ki ölümümüze, birçok yıldızlara, tek bir başın çevresine toplanmış nice kaygılı tanrılara danışmaksızın öyle kolay kolay başarılamıyacak diye bakarak kendimizi ne kadar beğenirsek, o kadar da böyle düşünürüz. Felek böyle bir bilgiyi yitirecek, böyle bir zarara katlanacak da hiç tasa etmiyecek mi? Böyle eşsiz emsalsiz bir can, bayağı, bir şeye yaramaz bir can gibi feda edilsin, olur mu hiç? Nice canları kaplıyan, nice canların bağlandığı yer olan bu can, nice kimseleri kullanan, bunca yerler dolduran bu can, salt bir ilmiğe bağlı bir can gibi kopar gider mi?.. İçimizde kendini bir tek kişi sayan insan mı vardır?" Sonra Caesar'a gülüyor... Ama Montaigne'in Caesar'la birlikte bütün insanlarla da, kendi kendisiyle de eğlendiği bellidir. Acı değil, sevgiyle yoğrulmuş bir eğlenme. Belli ki kendi de öyle söylüyor, kendi de ölüp gideceğini aklına sığdıramıyor. "Ama öleceğiz!" deyip içini çekiyor.

Bacon ise ölüme aldırmazmış gibi hal takınıyor: "İnsanların ölümden korkması, çocukların karanlıktan korkması gibidir. Çocukların içinden gelen o korku nasıl birtakım masallarla artarsa insanların ölümden korkusu da öylece birtakım masallarla artar durur." Bir şey değilmiş ölüm, öyle pek duymazmışız bile. Bizi asıl korkutan ölümün kendisi değil, çevresindeki bütün o inlemeler, ağlamalar, kıvranmalar, törenler alayı imiş... Sonra üç beş fıkra anlatıyor: şu şöyle ölmüş, bu böyle ölmüş...

Bizi hiç kandırabilir mi bu sözler? Olmamak, yok olmak... Kolay mı katlanmak o düşünceye? Biliyorum, bu dünyadan başka bir dünya yoktur, yüreğim durduğu gün artık bir şey duymıyacağım. "Öldüm" diyemiyeceğim için ölmüş olmak acısı nedir, bilmiyeceğim. Mezarda üstüme çıyanlar, akrepler üşüşecek, bütün etim çürüyüp parça parça çözülecek, sonra kemiklerim de çürüyecek. Ben duymıyacak, acısını çekmiyecek olduktan sonra bana ne?.. Bana ne olur mu hiç? Biliyorum onların hepsinin olacağını, çekmiyeceğim o acının düşüncesiyle bügün bin katını çekiyorum. Ölüm hepimizin içimizde bir hâtıra gibidir. Ne yapsak boş, o hâtıradan kurtulamayız. Her hâtıradan olduğu gibi o hâtıradan da bizi ancak ölüm kurtarır.

Bu bilgeler, feylesoflar ne kadar kolay söylüyor! ölümden korkmamalıymış! niçin korkmıyayım? Niçin aldırmıyayım ölüme? Hayatın, kimini sevinç, kimini acı diye sunduğu binlerce duyguyu hiçe mi sayacağım? Dünyaya gelmesem, olurdu o sizin dediğiniz, aldırmazdım ölüme. Ama dünyaya gelmişim bir kere, yaşamanın hazzını tatmışım. "Çocuklarımız, sevdiklerimiz ölmesin..." diye titreriz; ama çocuğu ölmüş bir babaya, sevdiği ölmüş bir âşığa "Çocuğun keşke hiç doğmasaydı... Sen o sevdiğini keşke hiç görmeseydin, sevmeseydin..." diyin, bakın razı oluyor mu? Acısı ile kıvranırken bile gene çocuğunun doğmuş, yaşamış olmasına, sevgiliyi görüp sevginin ne olduğunu tatmış olmasına sevinmektedir. Bir babaya, bir âşığa öyle bir söz söylemek, yaşıyan çocuğunun, yaşıyan sevgilisinin ölümünü dilemek kadar ağır gelir. Kendimizi de bir çocuğumuzu, bir sevgiliyi sever gibi sevmemiz, yaşamayı istememiz ayıp mıdır? Birtakım insanlar gelmiş, "Kişioğlu ölmüş olmaktan değil, ölmekten korkar" demiş, ben hiç öyle sanmıyorum. Yalnız ölmeyi değil, ölmüş olmayı da istemem.

Başka türlü de düşünebiliriz: benim ölümümle, bu dünyada sevdiğim ne varsa hepsi benim için ölmüş olacak. Şu güzel ağacı, âdetâ kendimi unutarak gezdiğim şu yolu, bütün şu sevdiğim yüzleri bir daha göremiyeceğim. Bir tanesinin ölümüne katlanamazken hepsinin birden yok olmasına nasıl katlanayım?..

Kıskanırım gençleri. Hiçbir genç adam ölümü gerçekten düşünmemiştir. Onu çok uzakta görür, ölüm denen şeyi belki merak da eder. Daha etinde duymamıştır ki!.. Yaşlanmış insan ise ölümün ne olduğunu bilir, her gün parça parça ölmektedir de onun için. Gücünün azalması, kollarının, bacaklarının takatsızlığı, vücudun dileklere karşı gelmesi, bunların hepsi ölümün ne olduğunu bize iyice anlatmıyor mu? İçimize birdenbire bir bezginlik de çöküyor. "Gelse, büsbütün gelse şu ölüm!" diyoruz. Yaşamak sevgisini bunun kadar gösteren bir söz yoktur. Genç adamın "Allah canımı alsın!" demesi çevresindekileri üzmek, tehdit etmek içindir, ölüm dileğiyle bir ilişiği yoktur, yaşlı adamın "Tanrım! azat et artık kulunu!" ise Tanrıya bir sitemdir. "Mecalimi, takatımı, bütün güçlerimi niçin aldın elimden? Bana o hazları tattırdığın için sana hamdolsun! Ama niçin bırakmadın? Niçin geri aldın?" demektir.

Ey vücudumu, bütün benliğimi yavaş yavaş saran, günden güne daha hızla saran yokluk! bil ki seni hiçbir zaman sevmiyeceğim, senden nefret ediyor, tiksiniyorum. Biliyorum, şairler senin için çok güzel sözler söylemiş, seni hayırlı bir tanrı gibi gösterdikleri de, senin için bir dost dedikleri de olmuş. Ama o sözlere güzelliklerini veren sen değilsin, hayattır, varlıktır. Sende ne tanrı vardır, ne dost vardır. Sende ışık değil, karanlık bile yoktur. Sen beni büsbütün kavradığın gün benim gözlerim olmıyacak ki karanlığı göreyim, kulaklarım olmıyacak ki sessizliği duyayım. Pusuda bir düşman gibi bekliyorsun beni, bir gün yakalıyacak, elimden her şeyimi, her şeyimi, senden korkumu bile alacaksın. Seni sevmediğim için senden korkuyu seviyorum, o korku da bana hayatın verdiği bir şeydir, hayatın verdiği her şey gibi de tatlıdır. Sen bir şey vermez, her şeyi alırsın.

Ölümü düşünüyoruz, ama kabil mi ölümü düşünmek? Bizim elimizden gelen ancak bu dünyada gördüklerimizle, bu dünyada var olan şeylerle düşünmektir. Ölüm ise bu dünyada var olan her şeyin yadsınmasıdır, *inkârıdır*. Varlıkta yokluğu anlıyamayız. Ölüme "öbür dünya" demişiz, "adem diyarı, adem şehri" demişiz, yâni hep dünya ile, diyar ile, şehir ile düşünmüşüz, ölümü bu dünyadaki duyularımızla kavramaya çalışmışız. Oysaki ölüm dünyanın, diyarın, şehrin yokluğu demektir, bu dünyadaki duyularımızın kalmaması demektir. Ölüm, düşüncemizin durması demektir. O halde ölümün ne olduğunu kavrıyabilmek için duyularımızı, düşüncelerimizi durdurmak, bu dünyada gördüklerimizi unutmak gerektir. Demek ki ölmeden ölüm düşünülemez, ölüm üzerine bir bilgi edinilemez. Bizim ölüm diye düşündüğümüz gene hayattır, hayat âleminde hayattan başka bir şey kavranılamaz da onun için. Bir bilgin "Hayat, ölüme karşı koyan güçlerin bütünüdür" demiş, düşünme de hayatın güçlerinden biridir, demek ki o da ölüme karşı kor, onu atar, ondan silkinir, demek ki onu kavrıyamaz.

Bunu bilsek de gene ölümü hayal etmekten, yâni ölüme benzemesine imkân olmıyan bir hayale bakmaktan sanki zevk alıyoruz. Onu sevdiğimiz, aradığımız bile oluyor. Elbette bir zevki olacak, hayatın verdiği hangi düşüncenin, hayalin, duygunun zevki yoktur ki? O hayal de hayattan başka bir şey midir?